妇女权益保障法
案例教程

法规应用研究中心 / 编

中国法制出版社
CHINA LEGAL PUBLISHING HOUSE

编辑说明[①]

妇女是人类文明的开创者、社会进步的推动者，妇女的地位体现了一个国家的文明与进步。党和国家高度重视、积极推进妇女工作，促进男女平等和妇女全面发展。党的十八大以来，以习近平同志为核心的党中央从党和国家事业发展全局出发，就维护妇女权益、促进妇女全面发展，提出新的更高的要求，作出一系列重要部署。

《中华人民共和国妇女权益保障法》于1992年4月3日第七届全国人民代表大会第五次会议通过，根据2005年8月28日第十届全国人民代表大会常务委员会第十七次会议《全国人民代表大会常务委员会关于修改〈中华人民共和国妇女权益保障法〉的决定》第一次修正，根据2018年10月26日第十三届全国人民代表大会常务委员会第六次会议《全国人民代表大会常务委员会关于修改〈中华人民共和国野生动物保护法〉等十五部法律的决定》第二次修正，2022年10月30日第十三届全国人

---

① 本说明参考《关于〈中华人民共和国妇女权益保障法（修订草案）〉的说明》编写。

民代表大会常务委员会第三十七次会议修订。

《中华人民共和国妇女权益保障法》实施以来，坚持以人民为中心的发展思想，贯彻落实男女平等基本国策，着力完善相关制度机制和保障性法律措施，为促进男女平等和妇女全面发展提供坚实的法治保障。该法一方面要求妇女了解《中华人民共和国妇女权益保障法》赋予其的权利以及应履行的义务，切实学法、用法，维护自身合法权益。另一方面要求人民政府有关部门、妇女联合会等发挥作用，履行职责，做好妇女权益的保障工作。要求用人单位、学校等主体遵守《中华人民共和国妇女权益保障法》及其相关规定，履行报告等义务，女学生、女职工也要学会拿起法律武器保护自身合法权益。妇女权益保障是一个广义的概念，涉及民法、刑法以及劳动、教育、社会保障、土地承包、基层政权建设、人口与计划生育、母婴保健、反家庭暴力等方面的法律法规，这些妇女权益保障法律规范也对维护妇女权益、促进妇女发展起到了重要作用。

案例是最生动的普法教材，通过案例能更具体地了解法律在日常生活中的运用，为此，我们以案例的形式编写了本书，以期帮助读者更好地了解《中华人民共和国妇女权益保障法》的立法目的与内涵。

不同于以往的普法读本，本书具有以下特色：

1. 体系完整。紧密围绕《中华人民共和国妇女权益保障法》，以该法章节结构为体系，将案例归纳对应至相应章节中，清晰展现全书结构。

2. 精选案例。在案例的选取上，重点选取最高人民法院、最高人民检察院发布的指导性案例，最高人民法院发布的公报案例和最高人民法院、最高人民检察院发布的典型案例，以及中华全国妇女联合会发布的案例。并分别设置“指导性案例”“典型案例”“相关案例”三个板块，突出体现了案例的典型性和实务指导性。为全面地展现案例，本书原则上保留了案例的原文，仅从规范性上对个别格式进行了统一。

3. 内容务实。本书收录与妇女权益保障息息相关的典型案例，涉及妇女人身和人格权益保障、妇女劳动和社会保障权益保障、妇女财产权益保障、妇女婚姻家庭权益保障等多个方面的重点内容。

本书不仅适合作为《中华人民共和国妇女权益保障法》普法读本，也适合作为日常生活中妇女权益保障的法律指南，让读者在生动真实的案例中获得法律指导以及解决纠纷的良策。

编者

2023 年 4 月

目　　录

典型案例

典型案例

相关案例

第一章　总　则

相关案例

刘某与某村一组承包地征收补偿费用分配纠纷抗诉案[1]

【基本案情】

刘某1978年1月出生于某村一组，在母亲黄某某户头下申办了农业家庭户口并在一轮土地承包中分得责任田。1992年其父为她非法购买了张家界的非农业户口，但其原有的农业家庭户口并未注销，2002年农业税改费时，刘某在家庭中落实承包地面积为3.12亩，2010年刘某以农业家庭户口人员身份参加了农村合作医疗保险和城乡居民养老保险。2005年8月，刘某从职业技术学院

① 参见中国妇女网，http：//www.cnwomen.com.cn/2019/11/28/99182618.html，2023年2月24日访问。

毕业后到深圳务工，同年刘某开始在深圳购买当地社会养老保险。2008年，刘某将张家界市非农业户口迁至深圳市，此后办理了结婚登记及小孩户口登记。2011年9月，某村一组部分土地被征收，同年10月，某村一组向该集体经济组织成员分配征地补偿款，按人田各半原则分配，人均分得9845.50元，其中对有田土在娘家的“外嫁女”仅分配田土部分补偿款每人4922.70元，刘某据此仅获得4922.70元。刘某认为某村一组未按照同等村民待遇分配征地补偿款，因而向法院提起诉讼。2014年9月，公安局依据“重户注销”的规定注销了刘某在深圳市的居民户口。经历了两审败诉以及申请检察院监督不予支持后，刘某向检察院申请复查监督。检察官通过查阅案卷，对法院以刘某以非农身份在深圳购买了社会保险为由否定刘某的集体经济组织成员身份存疑，到省公安厅、省农委、公安局了解20世纪八九十年代非农户口买卖的政策、集体经济组织成员身份的认定标准以及刘某当前户口状态，认真审查每一份证据材料，查阅大量资料，充分论证集体经济组织成员判断标准的变迁原因、刘某非农户口的非法性。经检察官联席会讨论，检察院于2017年6月向法院提出抗诉。法院于2017年11月28日作出判决，判决认定刘某具有某村一组集体经济组织成员身份，支持了检察机关全部抗诉意见。

【典型意义】

对于农民而言，土地承包经营权和宅基地使用权是法律赋予农户的用益物权，集体收益分配权是农民作为集体经济组织成员应当享有的合法财产权利。这些权利是当下农民生存生活最重要的保障，不宜因进城务工农民享受了相关社会保险待遇就剥夺其集体经济组织成员资格，对于没有在其他集体经济组织享受成员权益的“外嫁女”，更不应剥夺其成员资格。《国务院关于进一步推进户籍改革的意见》要求切实保障农业转移人口及其他常住人口合法权益，现阶段不得以退出土地承包经营权、宅基地使用权、集体收益分配权作为农民进城落户的条件。

检察院通过对国家关于非法买卖户籍应当销户处理的政策的全面解读和对证据材料的细致分析，认定刘某合法有效的户口一直都是某村一组的农业户口；经过充分论证，依据是否具有该集体经济组织户籍、是否分配了承包土地、是否履行了该集体经济组织成员义务三条原则，认定刘某具有该集体经济组织成员资格，从而依据《最高人民法院关于审理涉及农村土地承包纠纷案件适用法律问题的解释》[①] 第二十四条支持刘某参与承包地征收补偿费用分配的权利，纠正下级检察院作出的不适当决定，通过抗诉改判，有力地保护了以刘某为代表的新一代农民工、出嫁女的合法权益。

外出务工人员和出嫁女的农村集体经济组织成员身份认定，是我国农村社会最广泛关注的两个热点，此抗诉案件依法作出了回应。

① 本书适用的法律法规等条文均为案件裁判当时有效，下文不再对此进行提示。

第二章　政治权利

相关案例

1. 支持“外嫁女”获同等村民待遇案①

【基本案情】

2020 年 2 月，刘某等 10 名“外嫁女”到县信访局反映：她们均是某村某生产小组的“外嫁女”，2017 年、2019 年生产小组在分配集体征地赔偿款时，将“外嫁女”排除在外，请求解决问题。县信访局根据属地原则，将该纠纷转至乡政府处理。乡政府召集第五生产小组的组长与组委会代表进行协商、沟通，但未达成一致，调解失败，后引导刘某等人走诉讼程序，并为其协调法律援助。

县法律援助中心综合当事人意见、节省诉讼资源等

① 参见微信公众号“全国妇联女性之声”，https：//mp. weixin. qq. com/s/aruk6TlhHPakiOyRLSoqhA，2023 年 2 月 24 日访问。

因素，决定先选择刘某为代表，为其指派经验丰富的法律服务工作者。该承办人积极收集刘某医保、社保缴纳、选民资格、土地承包经营权证、外嫁后是否被纳入城镇社会保障体系获得其他生活保障等证据，证明刘某出生以来户籍均在该生产小组，履行村民义务，缴纳养老金和医疗保险，参加村委会换届选举，没有在丈夫所在的居委会享受任何待遇，理应享有村民待遇，却没有享受作为村民待遇的征地补偿款。

庭审中，承办人根据《最高人民法院关于审理涉及农村土地承包纠纷案件适用法律问题的解释》第二十四条，指出该村民小组的村民代表会议的决定与法律法规和国家的政策相抵触，给予刘某不同于其他经济组织成员区别待遇，不符合法律规定，损害了刘某作为该组织成员同等参与分配集体财产的合法权益。法院审理后依法作出判决：被告某村民委员会某生产小组给予刘某等人同等村民待遇，并在判决生效后向原告刘某等人支付征地补偿款。本案胜诉后，该村民小组同意按时履行法院生效判决并依此给予刘某以外的9名“外嫁女”同等村民待遇。

【典型意义】

本案是通过一个判决解决两次征地赔偿款权益问题的成功判例。农村集体经济组织或者村民委员会、村民小组，可以依照法律规定的民主议定程序，决定在本集体经济组织内部分配已经收到的土地补偿费，但不能侵害集体经济组织成员同等享有土地补偿费分配的权利。法院根据最高人民法院有关司法解释的规定，以及充分的事实证据，认可刘某的集体经济组织成员资格，认定其应当同等享有分配土地补偿款的权利，防止以“村民自治”为由，违反法律，多数人侵犯少数人权益，切实维护了农村妇女的合法权益。

在化解纠纷方面，本案也有示范意义。纠纷涉及10名“外嫁女”，性质一致，为最有效地利用国家司法资源，县法律援助中心承办人与村小组组长多次沟通促成共识，通过个案诉讼达到解决群体案件的目的和效果，法院进行公开审理，对村民及村民小组组长也起到“以案释法”的法治教育效果，村民小组不仅支付了两次征地补偿款，还解决了刘某等“外嫁女”今后的同等村民待遇问题，为这起“外嫁女”维权纠纷画上了圆满的句号。

2. 金某某村集体经济组织成员权益纠纷案[①]

【基本案情】

金某某离婚后，将户口从丈夫所在村迁回了娘家的某村，靠打零工抚养年幼的女儿，后再婚。1999年，金某某和女儿与某村签订了期限为20年的集体土地承包合同，并取得土地承包证。在某村部分集体土地被国家征收之后，村里发放补偿款时只给了金某某和女儿实际承包地三分之一的亩数补偿，并且对金某某按人口标准的80%、其女儿按50%计算补偿款，二人实际所得补偿款远远低于应得数额。母女俩与村里协商要求补足剩余补偿款，但遭到某村经济合作社与村民委员会、村干部的拒绝，她们又先后到多个部门反映，均被以“村民自治”为由置之不理。最后，母女俩找到律师希望拿起法律武器为自己维权。

【裁判结果】

代理律师与妇联沟通了案情，妇联高度重视，指导

① 参见中国妇女网，http：//www.cnwomen.com.cn/2015/12/04/9939912.html，2023年2月24日访问。

市妇联主动联系，依据有关保障“外嫁女”土地权益的法律政策，向法院提出建议，最终法院受理了金某某的诉讼请求。在庭审中，律师指出，母女俩不仅户籍信息上显示为某村村民，也自觉履行了缴纳村建设费、卫生费等村民义务，参与过村委的换届选举，行使了选举权。同时，某村与金某某母女俩签订土地承包合同的行为，以及两次分配征地补偿款均表明某村认可金家母女村集体成员身份。最终，一审法院采纳了律师代理意见，判令某村集体在十日内支付金家母女剩余土地补偿款，二审法院驳回了某村村委会和村集体的上诉，维持原判。

【典型意义】

《中华人民共和国妇女权益保障法》规定，要保护农村妇女平等获得土地承包经营权、宅基地使用权、征地补偿分配权、集体经济收益权，然而以男女不平等的“村规民约”的形式侵害农村妇女土地权益的问题时有发生。本案中，法院依法受理金某某母女的起诉，首先保障了农村妇女关于土地权益的诉权，再通过对《集体土地承包权证》等有关证据的认定，判定某村否认金某某母女集体经济成员资格的理由不成立，且不符合事实。这实际上是对某村分配方案的违法性加以认定和纠正，对依法维护“外嫁女”的土地承包及相关经济权益具有重要借鉴意义。

3. 肖某某农村集体经济组织成员权益纠纷案[①]

【基本案情】

肖某某自1987年出生后户口一直随父亲落户在某村，户口被政策性“农转非”后，2005年发放的肖某某家庭《农村土地承包经营权证》记载肖某某系承包共有人之一。

2014年肖某某与陈某登记结婚，但没有居住在丈夫户籍地，没有分配到土地和任何安置补偿，户籍仍保留在某村。2015年到2016年，某村三次向村民发放征地补偿款，均以肖某某已出嫁为由拒绝向其发放。为此，肖某某起诉某村村委会要求获得平等分配。而某村村委会认为，已婚女性应当随丈夫居住，因此不具有某村集体经济组织成员资格，不应享有分配土地补偿款的权利。

---

① 参见中国妇女网，http：//www.cnwomen.com.cn/2018/04/04/9913394.html，2023年2月24日访问。

【裁判结果】

法院认定，此案争议焦点是原告肖某某是否具有被告村集体经济组织成员资格，并非村委会声称的承包地征收补偿费用分配纠纷。因此，法官从肖某某户籍是否在该经济组织、是否实际居住生产和生活在该经济组织、是否以该集体经济组织农村土地为基本生活保障三方面因素进行考察，认为肖某某具有娘家村集体经济组织成员资格，依法应当享有与被告集体经济组织成员同等的权利。根据《最高人民法院关于审理涉及农村土地承包纠纷案件适用法律问题的解释》规定，法院最终判决肖某某有权取得与其他村民同等数额的征地补偿款。

【典型意义】

2016 年中共中央、国务院下发的《中共中央、国务院关于稳步推进农村集体产权制度改革的意见》要求“依据有关法律法规，按照尊重历史、兼顾现实、程序规范、群众认可的原则，统筹考虑户籍关系、农村土地承包关系、对集体积累的贡献等因素，协调平衡各方利益，做好农村集体经济组织成员身份确认工作，解决成员边界不清的问题”，同时强调“成员身份的确认既要得到多数人认可，又要防止多数人侵犯少数人权益，切实保护妇女合法权益”。

此案承办法官通过有理有据的司法判决，一方面保障了“外嫁女”和随其生活的未成年子女的权益，另一方面也对当地集体经济组织有示范引导作用，有利于男女平等基本国策在农村地区的落实。

第三章　人身和人格权益

指导性案例

1. 郎某、何某诽谤案[①]

【关键词】

网络诽谤　严重危害社会秩序　能动司法　自诉转公诉

【要旨】

利用信息网络诽谤他人，破坏公众安全感，严重扰乱网络社会秩序，符合《中华人民共和国刑法》第二百四十六条第二款“严重危害社会秩序”的，检察机关应当依法履行追诉职责，作为公诉案件办理。对公安机关未立案侦查，被害人已提出自诉的，检察机关应当处理

① 参见最高人民检察院检例第137号。

好由自诉向公诉程序的转换。

【基本案情】

2020年7月7日18时许，被告人郎某在某小区快递驿站内，使用手机偷拍正在等待取快递的被害人谷某，并将视频发布在某微信群。后郎某、被告人何某分别假扮快递员和谷某，捏造谷某结识快递员并多次发生不正当性关系的微信聊天记录。为增强聊天记录的可信度，郎某、何某还捏造“赴约途中”“约会现场”等视频、图片。7月7日至7月16日期间，郎某将上述捏造的微信聊天记录截图39张及视频、图片陆续发布在该微信群，引发群内大量低俗、侮辱性评论。

8月5日，上述偷拍的视频以及捏造的微信聊天记录截图27张被他人合并转发，并相继扩散到110余个微信群（群成员约2.6万人）、7个微信公众号（阅读数2万余次）及1个网站（浏览量1000次）等网络平台，引发大量低俗、侮辱性评论，严重影响了谷某的正常工作生活。

8月至12月，此事经多家媒体报道引发网络热议，其中，仅微博话题“被造谣出轨女子至今找不到工作”阅读量就达4.7亿次、话题讨论5.8万人次。该事件在网络上广泛传播，给广大公众造成不安全感，严重扰乱了网络社会公共秩序。

【检察履职情况】

（一）推动案件转为公诉程序办理

2020 年 8 月 7 日，谷某就郎某、何某涉嫌诽谤向公安局报案。8 月 13 日，公安局作出对郎某、何某行政拘留 9 日的决定。10 月 26 日，谷某委托诉讼代理人向法院提起刑事自诉，并根据法院通知补充提交了相关材料。12 月 14 日，法院立案受理并对郎某、何某采取取保候审强制措施。

因相关事件及视频在网络上进一步传播、蔓延，案件情势发生重大变化。检察机关认为，郎某、何某的行为不仅侵害被害人的人格权，而且经网络迅速传播，已经严重扰乱网络社会公共秩序。由于本案被侵害对象系随意选取，具有不特定性，任何人都可能成为被侵害对象，严重破坏了广大公众安全感。对此类案件，由自诉人收集证据并达到事实清楚，证据确实、充分的证明标准难度很大，只有通过公诉程序追诉才能及时、有效收集、固定证据，依法惩罚犯罪、维护社会公共秩序。12 月 22 日，检察院建议公安机关立案侦查。

12月25日，公安局对郎某、何某涉嫌诽谤罪立案侦查。12月26日，谷某向法院撤回起诉。

（二）引导侦查取证

检察院围绕诽谤罪“情节严重”的标准以及“严重危害社会秩序”的公诉情形，向公安机关提出对诽谤信息传播侵害被害人人格权与社会秩序、公众安全感遭受破坏的相关证据一并收集固定的意见。公安机关经侦查，及时收集、固定了诽谤信息传播扩散情况、引发的低俗评论以及该案给广大公众造成的不安全感等关键证据。

（三）审查起诉

2021年1月20日，公安局将该案移送审查起诉。检察院审查认为，郎某、何某为寻求刺激、博取关注，捏造损害他人名誉的事实，在网络上散布，造成该信息被大量阅读、转发，严重侵害谷某的人格权，导致谷某被公司劝退，随后多次求职被拒，使谷某遭受一定经济损失，社会评价也遭受严重贬损，且二被告人侵害对象选择随意，造成不特定公众恐慌和社会安全感、秩序感下降；诽谤信息在网络上大范围流传，引发大量低俗评论，对网络公共秩序造成严重冲击，严重危害社会秩序，符合《中华人民共和国刑法》第二百四十六条第二款“严重危害社会秩序”的规定。

2月26日，检察院依法对郎某、何某以涉嫌诽谤罪提起公诉。鉴于二被告人认罪认罚，对被害人进行赔偿并取得谅解，检察院对二被告人提出有期徒刑一年，缓刑二年的量刑建议。

（四）指控与证明犯罪

2021年4月30日，法院依法公开开庭审理本案。庭审中，二被告人再次表示认罪认罚。

辩护人对检察机关指控事实、定性均无异议。郎某的辩护人提出，诽谤信息的传播介入了他人的编辑、转发，属于多因一果。公诉人答辩指出，郎某作为成年人应当知道网络具有开放性、不可控性，诽谤信息会被他人转发或者评论，因此，他人的扩散行为应当由其承担责任。而且，被他人转发，恰恰说明该诽谤信息对社会秩序的破坏。

（五）处理结果

法院审理后当庭宣判，采纳检察机关指控的犯罪事实和量刑建议，判决二被告人有期徒刑一年，缓刑二年。宣判后，二被告人未提出上诉，判决已生效。

【指导意义】

（一）准确把握网络诽谤犯罪“严重危害社会秩序”的认定条件

网络涉及面广、浏览量大，一旦扩散，往往造成较大社会影响，与传统的发生在熟人之间、社区传播形式的诽谤案件不同，通过网络诽谤他人，诽谤信息经由网络广泛传播，严重损害被害人人格权，如果破坏了公序良俗和公众安全感，严重扰乱网络社会公共秩序的，应当认定为《最高人民法院、最高人民检察院关于办理利用信息网络实施诽谤等刑事案件适用法律若干问题的解释》第三条规定的“其他严重危害社会秩序”的情形。对此，可以根据犯罪方式、对象、内容、主观目的、传播范围和造成后果等，综合全案事实、性质、情节和危害程度等予以评价。

（二）坚持能动司法，依法惩治网络诽谤犯罪

网络诽谤传播广、危害大、影响难消除，被害人往往面临举证难、维权难，通过自诉很难实现权利救济，更无法通过自诉有效追究犯罪嫌疑人刑事责任。如果网络诽谤犯罪侵害了社会公共利益，就应当适用公诉程序处理。检察机关要适应新时代人民群众对人格尊严保护

的更高需求，针对网络诽谤犯罪的特点，积极主动履职，加强与其他执法司法机关沟通协调，依法启动公诉程序，及时有效打击犯罪，加强对公民人格权的刑法保护，维护网络社会秩序，营造清朗网络空间。

（三）被害人已提起自诉的网络诽谤犯罪案件，因同时侵害公共利益需要适用公诉程序办理的，应当依法处理好程序转换

对自诉人已经提起自诉的网络诽谤犯罪案件，检察机关审查认为属于“严重危害社会秩序”，应当适用公诉程序的，应履行法律监督职责，建议公安机关立案侦查。在公安机关立案后，对自诉人提起的自诉案件，人民法院尚未受理的，检察机关可以征求自诉人意见，由其撤回起诉。人民法院对自诉人的自诉案件受理以后，公安机关又立案的，检察机关可以征求自诉人意见，由其撤回起诉，或者建议人民法院依法裁定终止自诉案件的审理，以公诉案件审理。

【相关规定】

《中华人民共和国刑法》第二百四十六条

《中华人民共和国民法典》第九百九十条、第九百九十一条、第一千零二十四条

《最高人民法院、最高人民检察院关于办理利用信息网络实施诽谤等刑事案件适用法律若干问题的解释》第二条、第三条

《最高人民法院关于适用〈中华人民共和国刑事诉讼法〉的解释》第一条、第三百二十条

2. 岳某侮辱案[①]

【关键词】

网络侮辱　裸照　情节严重　严重危害社会秩序　公诉程序

【要旨】

利用信息网络散布被害人的裸体视频、照片及带有侮辱性的文字，公然侮辱他人，贬损他人人格、破坏他人名誉，导致出现被害人自杀等后果，严重危害社会秩序的，应当按照公诉程序，以侮辱罪依法追究刑事责任。

① 参见最高人民检察院检例第138号。

【基本案情】

被告人岳某与被害人张某系同村村民，自 2014 年开始交往。交往期间，岳某多次拍摄张某裸露身体的照片和视频。2020 年 2 月，张某与岳某断绝交往。岳某为报复张某及其家人，在自己的微信朋友圈、短视频网站散布二人交往期间拍摄的张某的裸体照片、视频，并发送给张某的家人。后岳某的该账号因张某举报被封号。5 月，岳某再次申请账号，继续散布张某的上述视频及写有侮辱性文字的张某照片，该短视频网站散布的视频、照片的浏览量达到 600 余次。

上述侮辱信息在当地迅速扩散、发酵，造成恶劣社会影响。同时，岳某还多次通过电话、微信骚扰、挑衅张某的丈夫。张某备受舆论压力，最终不堪受辱服毒身亡。

【检察履职情况】

（一）审查逮捕

2020 年 7 月 6 日，张某的丈夫以张某被岳某强奸为由到公安机关报案。7 月 7 日，公安局立案侦查。7 月 13 日，公安局以岳某涉嫌强奸罪向检察院提请批准逮捕。

检察院审查认为，因张某死亡，且无其他证据，无法证实岳某实施了强奸行为，但岳某为报复张某，将张某的裸体视频及带有侮辱性文字的照片发送到微信朋友圈和短视频网站等网络平台，公然贬损张某人格、破坏其名誉，致张某自杀，情节严重，应当以侮辱罪追究其刑事责任。岳某侮辱他人，在当地造成恶劣影响，范围较广，严重危害社会秩序，应当适用公诉程序追诉。7月20日，检察院以岳某涉嫌侮辱罪对其批准逮捕。

（二）审查起诉

2020年9月18日，公安局以岳某涉嫌侮辱罪移送审查起诉。检察院受理后，根据审查情况，要求公安机关向相关公司补充调取岳某的账号信息及发布内容，确定发布内容的浏览量，以及在当地造成的社会影响。审查后，检察院于10月9日以岳某涉嫌侮辱罪提起公诉，并结合认罪认罚情况，对岳某提出有期徒刑二年八个月的量刑建议。

（三）指控与证明犯罪

2020年11月25日，法院依法不公开开庭审理本案。

被告人岳某表示认罪认罚。岳某的辩护人提出，岳某的行为不构成犯罪。一是岳某的行为属于民事侵权行为，散布隐私尚未达到“情节严重”；二是岳某出于专门散布张某隐私视频和照片的目的而开设账号，两个账号粉丝共 4 人，不会有粉丝以外的人浏览，不符合侮辱罪“公然性”要求。公诉人答辩指出，岳某的行为已构成侮辱罪。一是张某因岳某的侮辱行为而自杀，该侮辱行为与死亡结果存在因果关系，属于“情节严重”；二是侮辱行为具有“公然性”。岳某将被害人的裸照、视频发送到网络上，使不特定多数人均可以看到，符合侮辱罪“公然性”的规定。而且，短视频网站并非只有成为粉丝才能浏览，粉丝人数少不代表浏览人数少，在案证据证实视频和照片的浏览量分别为 222 次、429 次，且证人岳某坤等证实曾接收到同城推送的带有侮辱性文字的张某照片。

（四）处理结果

2020 年 12 月 3 日，法院作出判决，采纳检察机关指控的犯罪事实和量刑建议，以侮辱罪判处岳某有期徒刑二年八个月。判决宣告后，岳某未提出上诉，判决已生效。

【指导意义】

（一）侮辱他人行为恶劣或者造成被害人精神失常、自残、自杀等严重后果的，可以认定为“情节严重”

行为人以破坏他人名誉、贬低他人人格为目的，故意在网络上对他人实施侮辱行为，如散布被害人的个人隐私、生理缺陷等，情节严重的，应当认定为侮辱罪。侮辱罪“情节严重”，包括行为恶劣、后果严重等情形，如当众撕光妇女衣服的，当众向被害人泼洒粪便、污物的，造成被害人或者其近亲属精神失常、自残、自杀的，二年内曾因侮辱受过行政处罚又侮辱他人的，在网络上散布被害人隐私导致被广泛传播的，以及其他情节严重情形。

（二）侮辱罪“严重危害社会秩序”可以结合行为方式、社会影响等综合认定

侮辱罪属于告诉才处理的犯罪，但严重危害社会秩序和国家利益的除外。行为人利用信息网络侮辱他人犯罪案件中，是否属于“严重危害社会秩序”的情形，可以根据《最高人民法院、最高人民检察院关于办理利用信息网络实施诽谤等刑事案件适用法律若干问题的解释》的相关规定予以认定。行为人在网络上散布被害人裸照、视频等严重侵犯他人隐私的信息，造成恶劣社会影响的，或者在网络上散布侮辱他人的信息，导致对被害人产生大量负面评价，造成恶劣社会影响的，不仅侵害被害人人格权，而且严重扰乱社会秩序的，可以认定为“其他严重危害社会秩序的情形”，按照公诉程序依法追诉。

（三）准确认定利用网络散布他人裸照、视频等隐私的行为性质

行为人在与被害人交往期间，获得了被害人的裸照、视频等，无论其获取行为是否合法，是否得到被害人授权，只要恶意对外散布，均应当承担相应法律责任，情节严重的，要依法追究刑事责任。对上述行为认定为侮辱罪还是强制侮辱罪，要结合行为人的主客观方面综合判断。如果行为人以破坏特定人名誉、贬低特定人人格为目的，故意在网络上对特定对象实施侮辱行为，情节严重的，应当认定为侮辱罪。如果行为人出于寻求精神刺激等动机，以暴力、胁迫或者其他方式，对妇女进行身体或者精神强制，使之不能反抗或者不敢反抗，进而实施侮辱的行为，应当认定为强制侮辱罪。

【相关规定】

《中华人民共和国刑法》第二百四十六条

《最高人民法院、最高人民检察院关于办理利用信息网络实施诽谤等刑事案件适用法律若干问题的解释》第二条、第三条、第五条

典型案例

3. 林某某、陈某某诉蔡某某一般人格权纠纷案[①]

【裁判摘要】

民事主体行使各自的民主权利，均应在法律赋予的限度之内，不得以行使自己的权利为由侵害其他民事主体的合法权益。

人民法院审理民事主体各自行使民事权利导致冲突的案件，应当依据事实，判断各方当事人行使其民事权利的合法性与适度性，据此平衡上述权利冲突。

【基本案情】

原告林某某、陈某某因与被告蔡某某发生一般人格权纠纷，向法院提起诉讼。

原告林某某、陈某某诉称：2016 年 6 月 2 日，林某某、陈某某双方在某寺庙门口发生口角。被告蔡某某未经林某某、陈某某同意，使用手机对其两人争吵的行为进行拍摄，并将所拍摄的视频上传至互联网进行传播。

① 参见《中华人民共和国最高人民法院公报》2020 年第 10 期。

林某某、陈某某得知后，要求蔡某某交出用于拍摄该视频的手机并将该视频删除，但遭蔡某某拒绝。之后，该视频在互联网上迅速传播，导致陈某某因无法忍受社会舆论与“人肉搜索”而多次产生轻生念头。2016年6月3日晚，林某某、陈某某向公安机关报案。在派出所，蔡某某承认上述事情是其所为，并写下了《澄清书》，表示同意删除视频。2016年6月24日，上述视频被电视台公共频道播放。自此，该视频被各大视频网站及网络新闻头条播放，网站最高点击量达到6193.4万余次。蔡某某的上述行为对林某某、陈某某的名誉、隐私、工作、生活及精神造成严重影响，其行为侵犯了林某某、陈某某的肖像权，以及对林某某、陈某某的名誉造成严重的损害。现林某某、陈某某向法院起诉请求：1. 蔡某某立即对网络上现有视频进行彻底消除，并且在电视台或知名报社登报进行公开道歉，以及在网络软件中进行书面道歉；2. 蔡某某赔偿林某某、陈某某精神损失、名誉损失2万元。

原告林某某、陈某某为证明其诉讼请求，向法院提供了：1. 视频资料、《澄清书》；2. 报警回执。

被告蔡某某辩称：被告于2016年6月2日在某寺庙旁看见原告林某某正在殴打原告陈某某，出于正义用手机拍摄了上述不法行为。后来，应同事吴某某之要求将该视频发送给吴某某，随即将视频在手机上删除。视频是被吴某某上传至微信群的，并非由被告上传至互联网。为此，被告业已向林某某、陈某某道歉并向林某某之父母送上糖果表示歉意，在派出所处理本纠纷期间也向林某某、陈某某写下《澄清书》。2016 年 6 月 25 日，林某某、陈某某告知其该视频已被电视台公共频道播放，被告即通过电话及邮件联系电视台公共频道要求在网络上删除该视频，但没有得到回复。被告认为，其所拍摄的涉及林某某、陈某某的视频系在公共场所拍摄的，并不侵犯林某某、陈某某的隐私权，视频并未盈利，故也不侵犯林某某、陈某某的肖像权，且视频并没有拍摄到林某某的脸部，对陈某某的脸部也不能清晰地显示；该视频并无存在虚假、侮辱、诽谤原告的情节，故并没有贬低林某某、陈某某的行为；该视频在网上传播的影响并不大，且被告的拍摄行为也系响应创建文明城市伸张正义而为，并不违法；林某某、陈某某请求精神损害赔偿没有依据；被告作为普通公民，无法协调相关网站删除涉案视频。因此，请求法院驳回林某某、陈某某的诉讼请求。

被告蔡某某为证明其主张，向法院提供了《创文行动“两不现象随手拍”活动启事》。

法院一审查明：原告林某某在一路上因与原告陈某某发生争吵而公然扇打陈某某的脸部。被告蔡某某用手机将林某某、陈某某的上述行为拍摄成视频并上传于互联网。该视频于2016年6月25日被电视台公共频道以《实拍女子遭男友连扇巴掌》为题进行播报。林某某、陈某某就此向蔡某某提出删除视频的要求。蔡某某为此向林某某、陈某某出具了《澄清书》，表示愿意删除其拍摄的涉诉视频。

【裁判结果】

法院一审认为：民事主体行使各自的民事权利应在法律赋予的限度之内，法律同样禁止任何权利人以行使自己权利为由侵害其他民事主体的合法权益。本案双方当事人的讼争焦点实质为民事主体各自行使民事权利之间的冲突，必须依据案件事实确定各方当事人行使其民事权利的合法性与适度性，从而平衡上述权利冲突。本案原告林某某与原告陈某某虽系夫妻关系，但林某某在公共场所公然使用暴力扇打陈某某的脸部，林某某的该行为具有违法性，且已侵害了陈某某的人格尊严。被告蔡某某对林某某的上述不法暴力行为进行拍摄并予以公布，并无不当。但是，对于陈某某而言，在公共场所被他人暴力扇打脸部，其人格尊严本已受到侵害，而蔡某某在没有对视频中陈某某的容貌及形象进行模糊处理的情况下，对该视频进行公布，导致视频在电视台公共频道上播放，其行为事实上导致陈某某因人格尊严受侵害而形成的不利影响得以扩大，给陈某某造成更大的精神伤害。蔡某某应对此承担相应的侵权责任。

关于原告陈某某认为被告蔡某某的行为侵犯其名誉权的主张，法院认为，名誉是社会上人们对自然人或者法人的品德、声誉、形象等各方面的综合评价；侵害名誉权是指行为人利用各种形式侮辱、诽谤他人的名誉，导致受害人的社会评价降低；而人格尊严是指作为一个“人”所应有的最起码的社会地位，及应受到社会和他人最起码的尊重。虽然侵害公民名誉权的行为，都会在不同程度上损害公民的人格尊严，但是侵害公民人格尊严的行为，未必会造成对受害人社会评价的降低。陈某某并没有证据证明蔡某某的行为已导致其社会评价降低，且蔡某某的行为也不属于侮辱、诽谤等行为，故陈某某认为蔡某某侵害其名誉权的主张没有事实及法律依据，法院不予支持。对于陈某某主张蔡某某侵害其隐私权、肖像权的主张，因林某某、陈某某的行为发生于公共场所且本案并无证据证明蔡某某因该拍摄行为而获取了利益，故陈某某的该主张没有法律依据，法院不予支持。

对于原告林某某主张被告蔡某某侵害其合法权益，因林某某在公共场所公然使用暴力侮辱他人的行为本来就属违法，为法律所禁止，蔡某某对林某某的该违法行为进行公布并无不妥，况且该视频也只是显示了林某某的背面，一般人无法判断出其系林某某本人，故蔡某某的行为并没有侵害林某某的合法权益。林某某的该主张没有事实及法律依据，法院不予支持。

行为人因过错侵害他人民事权益，应当承担侵权责任。公民的人格尊严受到侵害的，有权要求停止侵害、消除影响、赔礼道歉，并可以要求赔偿损失。被告蔡某某将涉诉视频通过互联网进行公布并被电视台公共频道播放，致该视频至今仍存在于电视台网站上，蔡某某有义务通知电视台对其网站上存在的该视频予以删除。对于原告陈某某提出的要求蔡某某删除其他网站上的涉诉视频，因其无法提供证据证明该视频存在于其他网站之上，故对陈某某超出上述范围的请求，法院不予支持。陈某某要求蔡某某进行赔礼道歉，符合法律规定。至于赔礼道歉的方式应当与侵权行为影响范围相应，法院认为蔡某某应采用书面形式致歉，内容须经法院审核。因蔡某某实施侵害陈某某人格尊严的行为，必定给陈某某精神造成损害，陈某某要求支付精神损失费，理由正当，结合本案的侵权范围、影响、过错程度，法院酌定被告蔡某某赔偿陈某某精神损害抚慰金 1000 元。但应指出，陈某某提出的赔偿 2 万元的要求过高，故法院对其超过上述金额部分不予支持。

被告蔡某某虽称其行为是对不文明行为的曝光，属于正义行为，但任何权利均不是绝对的，法律在赋予权利主体行使自由权的时候，都规定行使权利的必要限度，蔡某某行使其合法权利时应遵循适度性，不应侵害他人的合法权益，故法院对其抗辩不予采信。

据此，法院依照《中华人民共和国民法通则》第一百零一条、第一百零六条第二款，《中华人民共和国侵权责任法》第六条第一款、第二十二条、第三十六条第一款，《中华人民共和国妇女权益保障法》第四十二条，《中华人民共和国民事诉讼法》第六十四条第一款和《最高人民法院关于适用〈中华人民共和国民事诉讼法〉的解释》第九十条之规定，判决如下：

一、被告蔡某某应在本判决生效后十日内通知电视台公共频道删除其网站中存在的其于 2016 年 6 月 25 日播放的《实拍女子遭男友连扇巴掌》的视频；

二、被告蔡某某应在本判决生效后十日内向法院提交对原告陈某某的道歉书，道歉书的内容由法院核定；逾期法院将指定在一家全国发行的报刊上刊登本民事判决书的主要内容，费用由被告蔡某某承担；

三、被告蔡某某应在本判决生效后十日内赔偿原告陈某某精神损害抚慰金1000元；

四、驳回原告林某某的诉讼请求；

五、驳回原告陈某某的其他诉讼请求。

如果未按本判决指定的期间履行给付金钱义务，应当依照《中华人民共和国民事诉讼法》第二百五十三条之规定，加倍支付迟延履行期间的债务利息。

一审判决后，双方当事人均未提起上述，一审判决已发生法律效力。

4. 陈某转诉张某强离婚纠纷案[①]

【基本案情】

原告陈某转、被告张某强于1988年8月16日登记

① 参见《中华人民共和国最高人民法院公报》2015年第2期。

结婚，1989年7月9日生育女儿张某某（已成年）。因经常被张某强打骂，陈某转曾于1989年起诉离婚，张某强当庭承认错误保证不再施暴后，陈某转撤诉。此后，张某强未有改变，依然要求陈某转事事服从，稍不顺从，轻则辱骂威胁，重则拳脚相加。2012年5月14日，张某强认为陈某转未将其衣服洗净，辱骂陈某转并命令其重洗。陈某转不肯，张某强即殴打陈某转。女儿张某某在阻拦过程中也被打伤。2012年5月17日，陈某转起诉离婚。被告张某强答辩称双方只是一般夫妻纠纷，保证以后不再殴打陈某转。庭审中，张某强仍态度粗暴，辱骂陈某转，又坚决不同意离婚。

【裁判结果】

法院经审理认为，家庭暴力是婚姻关系中一方控制另一方的手段。法院查明事实说明，张某强给陈某转规定了很多不成文家规，如所洗衣服必须让张某强满意、挨骂不许还嘴、挨打后不许告诉他人等。张某强对陈某转的控制还可见于其诉讼中的表现，如在答辩状中表示道歉并保证不再殴打陈某转，在庭审中却对陈某转进行威胁、指责、贬损，显见其无诚意和不思悔改。遂判决准许陈某转与张某强离婚。一审宣判后，双方均未上诉。

一审宣判前，法院依陈某转申请发出人身安全保护裁定，禁止张某强殴打、威胁、跟踪、骚扰陈某转及女儿张某某。裁定有效期六个月，经跟踪回访确认，张某强未违反。

5. 钟某芳申请诉后人身安全保护案[1]

【基本案情】

申请人钟某芳与被申请人陈某于2010年2月2日经法院判决离婚，子女由钟某芳抚养。判决生效后，陈某拒不搬出钟某芳房屋，还要求与钟某芳同吃、同睡，限制钟某芳的人身自由和社会交往。钟某芳稍有不从，就遭其辱骂和殴打，并多次写字条威胁钟某芳。法院强制其搬离后，他仍然以探视子女为由，多次进入钟某芳家中对其实施威胁，还经常尾随、监视钟某芳的行踪，不仅使钟某芳的身体受到伤害，还使其处于极度恐惧之中。钟某芳于2010年5月6日向法院提出了人身安全保护裁定的申请，并提交了报警证明、妇联的来访记录、被申

---

① 参见《中华人民共和国最高人民法院公报》2015年第2期。

请人威胁申请人的字条、被撕烂的衣物、照片等证明材料。

【裁判结果】

法院经审理认为，申请人钟某芳在离婚后仍然被前夫陈某无理纠缠，经常遭其辱骂、殴打和威胁，人身自由和社会交往仍受前夫的限制，是典型的控制型暴力行为受害者。为保护申请人的人身安全，防止“分手暴力”事件从民事转为刑事案件，法院裁定：禁止被申请人陈某骚扰、跟踪、威胁、殴打申请人钟某芳，或与申请人钟某芳以及未成年子女陈某某进行不受欢迎的接触；禁止被申请人陈某在距离申请人钟某芳的住所或工作场所 200 米内活动；被申请人陈某探视子女时应征得子女的同意，并不得到申请人的家中进行探视。该保护令的有效期为六个月。经跟踪回访，申请人此后再没有受到被申请人的侵害或骚扰。

6. 陈某申请人身安全保护令案[①]

【基本案情】

申请人陈某（女）与被申请人段某某系夫妻关系。双方婚后因工作原因分居，仅在周末、假日共同居住生活，婚初感情一般。段某某常为日常琐事责骂陈某，两人因言语不合即发生争吵，撕扯中互有击打行为。2017年5月5日，双方因琐事发生争吵厮打，陈某在遭段某某拳打脚踢后报警。经公安局出警处理，决定给予段某某拘留10日，并处罚款500元的行政处罚。因段某某及其父母扬言要在拘留期满后上门打击报复陈某及其父母，陈某于2017年5月17日起诉至法院，申请法院作出人身保护裁定并要求禁止段某某对其实施家庭暴力，禁止段某某骚扰、跟踪、接触其本人、父母。

【裁判结果】

法院裁定：

一、禁止段某某对陈某实施辱骂、殴打等形式的家

---

① 参见中华人民共和国最高人民法院网站，https：//www. court. gov. cn/zixun-xiangqing-274801. html，2023年2月24日访问。

庭暴力；

二、禁止段某某骚扰、跟踪、接触陈某及其相关近亲属。

如段某某违反上述禁令，视情节轻重处以罚款、拘留；构成犯罪的，依法追究刑事责任。

【典型意义】

因段某某尚在拘留所被执行拘留行政处罚，法院依法适用简易程序进行缺席听证，发出人身安全保护令。办案法官充分认识到家庭暴力危害性的特点，抓紧时间审查证据，仔细研究案情，与陈某进行了面谈、沟通，获知她本人及其家属的现状、身体状况、人身安全等情况，准确把握针对家庭暴力的行为保全申请的审查标准，简化了审查流程，缩短了认定的时间，依法、果断作出裁定，对受暴力困扰的妇女给予了法律强而有力的正义保护。陈某为家暴受害者如何申请人身安全保护令作出了好的示范，她具有很强的法律、证据意识，在家庭暴力发生后及时报警、治疗伤情，保证自身人身安全，保存各种能够证明施暴行为和伤害后果的证据并完整地提供给法庭，使得办案法官能够快速、顺利地在申请当日作出民事裁定，及时维护了自己的权益。

7. 赵某申请人身安全保护令案[1]

【基本案情】

申请人赵某（女）与被申请人叶某系夫妻关系，因向法院提起离婚诉讼，叶某通过不定时发送大量短信、辱骂、揭露隐私及暴力恐吓等形式进行语言威胁。自叶某收到离婚诉讼案件副本后，恐吓威胁形式及内容进一步升级，短信发送频率增加，总量已近万条，内容包括“不把你全家杀了我誓不为人”“我不把你弄死，我就对不起你这份起诉书”“要做就做临安最惨的杀人案”等。赵某向法院申请人身安全保护令。案件受理后，因叶某不配合前往法院，承办人与叶某电话沟通。叶某在电话中承认向赵某发送过大量短信，并提及已购买刀具。

【裁判结果】

法院裁定：禁止叶某骚扰、跟踪、接触赵某及其父母与弟弟。

---

① 参见中华人民共和国最高人民法院网站，https：//www.court.gov.cn/zixun-xiangqing-274801.html，2023年2月24日访问。

【典型意义】

本案是一起因被申请人实施精神暴力行为而作出人身安全保护令的案件。《中华人民共和国反家庭暴力法》第二条规定，本法所称家庭暴力，是指家庭成员之间以殴打、捆绑、残害、限制人身自由以及经常性谩骂、恐吓等方式实施的身体、精神等侵害行为。因此，被申请人虽然未实施殴打、残害等行为给申请人造成肉体上的损伤，但若以经常性谩骂、恐吓等方式实施侵害申请人精神的行为，法院亦将对其严令禁止，对申请人给予保护。

8. 周某及子女申请人身安全保护令案[①]

【基本案情】

申请人周某（女）与被申请人颜某经调解离婚后，三名未成年子女均随周某生活。然而每当颜某心情不好的时候，便不管不顾地到周某家中骚扰、恐吓甚至殴打周某和三个孩子，不仅干扰了母子四人的正常生活，还给她们的身心造成了极大的伤害。周某多次报警，但效

① 参见中华人民共和国最高人民法院网站，https：//www.court.gov.cn/zixun-xiangqing-274801.html，2023年2月24日访问。

果甚微，派出所的民警们只能管得了当时，过不了几日，颜某依旧我行我素，甚至变本加厉地侵害母子四人的人身安全，连周某的亲友都躲不过。周某无奈之下带着三名子女诉至法院，请求法院责令颜某禁止殴打、威胁、骚扰、跟踪母子四人及其近亲属。

【裁判结果】

法院裁定：

一、禁止颜某对周某及三名子女实施家庭暴力；

二、禁止颜某骚扰、跟踪、接触周某母子四人及其近亲属。

【典型意义】

本案系一起针对“离婚后家暴”发出人身安全保护令的典型案例。反家庭暴力法，顾名思义适用于家庭成员之间，现有法律对家庭成员的界定是基于血亲、姻亲和收养关系形成的法律关系。除此之外，《中华人民共和国反家庭暴力法》第三十七条中明确规定“家庭成员以外共同生活的人之间实施的暴力行为，参照本法规定执行”，意味着监护、寄养、同居、离异等关系的人员之间发生的暴力也被纳入到家庭暴力中，受到法律约束。

9. 吴某某申请人身安全保护令案[1]

【基本案情】

申请人吴某某（女）与被申请人杨某某（男）2009年相识后成为男女朋友，并居住在一起。2018年农历春节过后吴某某向杨某某提出分手，杨某某同意。2018年4月、5月，杨某某开始对吴某某进行跟踪、骚扰、殴打并强行闯入吴某某的住所和工作场地，限制吴某某的人身自由，抢夺吴某某住所的钥匙、手机，在吴某某住所地张贴污蔑、辱骂、威胁吴某某的材料。吴某某多次向住所地、工作场地所在的派出所报警，杨某某在经警察教育、警告之后仍屡教不改，并且变本加厉骚扰吴某某。吴某某向法院申请人身安全保护令。

【裁判结果】

法院裁定：

一、禁止杨某某对吴某某实施暴力行为；

---

① 参见中华人民共和国最高人民法院网站，https：//www.court.gov.cn/zixun-xiangqing-274801.html，2023年2月24日访问。

二、禁止杨某某对吴某某及其家属实施骚扰、跟踪、接触；

三、禁止杨某某接近、进入吴某某的住所及工作场所。

【典型意义】

本案是一起同居关系的一方申请人身安全保护令的案件。《中华人民共和国反家庭暴力法》不仅预防和制止的是家庭成员之间的暴力行为，还包括家庭成员以外共同生活的人之间实施的暴力行为。同居关系中暴力受害者的人身权利应当受到法律保护，同居关系的一方若遭受家庭暴力或者面临家庭暴力的现实危险，人民法院也可依当事人申请作出人身安全保护令。

10. 黄某违反人身安全保护令案[①]

【基本案情】

申请人陈某某（女）与被申请人黄某系夫妻关系。

① 参见中华人民共和国最高人民法院网站，https：//www.court.gov.cn/zixun-xiangqing-274801.html，2023 年 2 月 24 日访问。

两人经常因生活琐事发生争吵，黄某多次对陈某某实施家庭暴力。2016 年 3 月 22 日晚，黄某殴打陈某某后，陈某某报警，后经医院诊断为腰 3 右侧横突骨折。2016 年 3 月 28 日，陈某某向东兴法院提出人身保护申请，请求禁止黄某对陈某某实施家庭暴力，禁止骚扰、跟踪、威胁陈某某及其近亲属。陈某某在承办法官联系其了解受家暴情况时，表示只是想警告黄某，暂不希望人民法院发出人身安全保护令。承办法官随即通知黄某到法院接受询问，黄某承认实施家庭暴力，承认错误，并承诺不再实施家庭暴力。人民法院为预防黄某再次实施家暴，于 2016 年 5 月 19 日裁定作出人身安全保护令，并同时向黄某及其所在派出所、社区、妇联送达。后黄某违反人身安全保护令，于 2016 年 7 月 9 日 20 时许和次日早晨两次对陈某某实施家庭暴力。陈某某在 2016 年 7 月 10 日（周日）9 时许电话控诉被家暴事实，法官即联系派出所民警，派出所根据联动机制对黄某拘留五日。

【裁判结果】

法院裁定：

一、禁止黄某殴打陈某某；

二、禁止黄某骚扰、跟踪、威胁陈某某及其近亲属。

【典型意义】

如何认定存在家庭暴力行为，一是看证据是否确凿，如报警记录、信访材料、病历材料等，能充分证明家庭暴力存在的，立即裁定准许人身保护；二是通过听证或询问认定是否存在家暴行为，以便有针对性地、快速地认定家暴，及时保护受家暴者及其亲属方。本案中，人民法院充分利用联动保护机制，作出人身安全保护令后，将裁定抄送给被申请人所在辖区派出所、妇委会、社区等，并保持紧密互动，互相配合，对裁定人身保护后再次出现的家暴行为进行严厉处罚。联动机制对受家暴方的紧急求助起到了关键作用。

11. 洪某违反人身安全保护令案[①]

【基本案情】

申请人包某（女）与被申请人洪某原系恋人关系，双方共同居住生活。洪某在因琐事引起的争执过程中殴

① 参见中华人民共和国最高人民法院网站，https：//www.court.gov.cn/zixun-xiangqing-274801.html，2023年2月24日访问。

打包某，导致包某头皮裂伤和血肿。包某提出分手，并搬离共同居所。分手后，洪某仍然通过打电话、发微信以及到包某住所蹲守的方式对其进行骚扰。包某不堪其扰，遂报警，民警对洪某进行了批评教育。包某担心洪某继续实施家庭暴力，向法院申请人身安全保护令。法院依法作出人身安全保护令。洪某收到人身安全保护令后，无视禁止，继续通过打电话、发短信和微信的方式骚扰包某，威胁包某与其和好继续交往，其间发送的消息达 300 条。

【裁判结果】

法院判决：对洪某处以 1000 元罚款和十五日拘留。

【典型意义】

本案是一起典型的针对家庭暴力作出人身安全保护令和对违反人身安全保护令予以司法惩戒的案例，主要有以下几点典型意义：第一，通过作出人身安全保护令，依法保护家庭暴力受害者的合法权利，彰显了法治的应有之义。随着时代的更迭和进步，对妇女儿童等弱势群体的利益保护已经得到社会的普遍认可。家庭成员以外共同生活的人可以被认定为拟制家庭成员，根据《中华人民共和国反家庭暴力法》第三十七条的规定，家庭成员以外共同生活的人可以申请人身安全保护令。第二，依法对公然违抗法院裁判文书的行为予以惩戒，彰显了遵法守法的底线。人身安全保护令不仅是一纸文书，它是人民法院依法作出的具有法律效力的裁判文书，相关人员必须严格遵守，否则应承担相应的法律后果。无视人身安全保护令，公然违抗法院裁判文书的行为已经触碰司法底线，必须予以严惩。第三，通过严惩家暴行为，对施暴者起到了震慑作用，弘扬了社会文明的价值取向。反对家庭暴力是社会文明进步的标志，通过罚款、拘留等司法强制措施严惩违反人身安全保护令的施暴者，让反家暴不再停留在仅发布相关禁令的司法层面，对施暴者予以震慑，推动整个社会反家暴态势的良性发展。

12. 邹某玲诉某医院医疗服务合同纠纷案[①]

【基本案情】

2020 年，邹某玲与丈夫陈某平因生育障碍问题，为

① 参见中华人民共和国最高人民法院网站，https：//www. court. gov. cn/zixun-xiangqing-386521. html，2023 年 2 月 24 日访问。

实施试管婴儿辅助生育手术到被告某医院处进行助孕治疗，并于2020年10月1日签署了《助孕治疗情况及配子、胚胎处理知情同意书》等材料。因邹某玲的身体原因暂不宜实施胚胎移植手术，被告对符合冷冻条件的4枚胚胎于当日进行冷冻保存。2021年5月29日，陈某平死亡。后邹某玲要求被告继续为其实施胚胎移植手术，但被告以不能够为单身妇女实施辅助生殖术为由拒绝。

【裁判结果】

生效裁判认为，有关行政规范性文件规定“禁止给单身妇女实施人类辅助生殖技术”，但原告是否属于条文中的“单身妇女”需要结合规范目的及本案的案情综合看待。“单身妇女”应当指未有配偶者到医院实施人类辅助生殖技术的情形，原告是已实施完胚胎培育后丧偶的妇女，与上述规定所指实施胚胎移植手术的单身妇女有本质区别。目前对于丧偶妇女要求继续移植与丈夫已受精完成的胚胎进行生育，法律并无禁止性规定。原告欲继续实施人类辅助生殖，既是为了寄托对丈夫的哀思，也是为人母的责任与担当的体现，符合人之常情和社会公众一般认知，不违背公序良俗。故判决某医院继续履行与原告的医疗服务合同。

【典型意义】

本案是依照《中华人民共和国民法典》和《中华人民共和国妇女权益保障法》相关规定的精神，保护丧偶妇女辅助生育权益的典型案例。审理法院结合案情和《人类辅助生殖技术规范》《人类辅助生殖技术和人类精子库伦理原则》有关“禁止给单身妇女实施人类辅助生殖技术”的规范目的，依法认定本案原告丧偶后与上述规定中的“单身妇女”有本质不同，从而确认了“丧偶妇女”继续实施人类辅助生殖技术的正当性。本案是依法保护女性生育权益的具体实践，体现了司法对妇女合法权益的有效维护，具有积极的导向意义。

13. 张某某虐待案[①]

【基本案情】

被告人张某某与被害人李某某2004年底结婚。张某某酗酒后经常因李某某婚前感情问题对其殴打，曾致李

① 参见中华人民共和国最高人民检察院网站，https：//www. spp. gov. cn/spp/xwfbh/wsfbt/202105/t20210507_ 517255. shtml#2，2023年2月24日访问。

某某受伤住院、跳入水塘意图自杀。

2020年2月24日凌晨3时左右，张某某酗酒后在家中再次殴打李某某，用手抓住李某某头发，多次打其耳光，用拳头击打其胸部、背部。李某某被打后带着儿子前往其父亲李某华家躲避，将儿子放在父亲家后，在村西侧河道内投河自杀。后村民发现李某某的尸体报警。经鉴定，李某某系溺水致死。

公安局于2020年2月24日立案侦查，3月9日移送检察机关审查起诉。

2020年3月11日，检察院以涉嫌虐待罪对张某某决定逮捕，4月9日，对其提起公诉。

2020年8月28日，法院以虐待罪判处张某某有期徒刑六年。一审宣判后，张某某未上诉。

【检察履职情况】

（一）介入侦查，引导取证

因张某某在村外居住，村民对李某某是否被殴打不知情，张某某的父母也有包庇思想，被害人尸体无明显外伤，侦查初期证据收集较困难。检察机关介入侦查后，提出以殴打持续时间较长、次数较多作为取证方向。侦查机关根据李某某曾被殴打住院的线索，调取李某某就诊的书证，李某某的父亲、母亲、儿子、医生的证言等证据，证实张某某多次殴打李某某的事实。

（二）自行侦查，完善证据

审查起诉阶段，张某某辩解虽殴打过李某某，但李某某系迷信寻死，其殴打行为不是李某某自杀原因。检察机关开展自行侦查：一是询问李某某父亲，证实李某某案发当日口唇破裂、面部青肿；二是讯问张某某、询问李某某的儿子，证实李某某自杀前流露出悲观厌世的想法，被殴打后精神恍惚；三是询问张某某父母，因张某某被取保候审后殴打其父母，其父母不再包庇如实作证，证实张某某酗酒后经常殴打李某某。

（三）开展救助，解决当事人未成年子女生活问题

案发后，父亲被羁押，母亲离世，被害人未成年儿子生活无着。检察机关派员多次看望，为其申请司法救助，并向民政部门申请社会救助，使其基本生活得到保障。同时，依托省检察院与省妇联保护妇女儿童权益工作合作机制，经多方共同努力，使其进入职业技术学校学习劳动技能。

【典型意义】

（一）介入侦查、自行侦查，提升办案质效

发生在家庭成员间的犯罪，往往存在取证难、定性难等问题。检察机关通过介入侦查、自行侦查，围绕虐待持续时间和次数，虐待手段，造成的后果以及因果关系等取证，从源头提高办案质量。

（二）准确适用虐待罪“致使被害人重伤、死亡”情节

《最高人民法院、最高人民检察院、公安部、司法部关于依法办理家庭暴力犯罪案件的意见》规定，因虐待致使被害人不堪忍受而自残、自杀，导致重伤或者死亡的，属于《中华人民共和国刑法》第二百六十条第二款规定的虐待“致使被害人重伤、死亡”。

（三）延伸检察职能，关爱家暴案件未成年子女

夫妻间发生的虐待案件，一方因虐待致死，一方被定罪服刑，往往造成未成年子女精神创伤、失管失教、生活困难。检察机关办案过程中，注重协同相关部门和社会力量，对未成年人提供心理辅导、家庭教育指导、经济帮扶等，助力未成年人健康成长。

相关案例

14. 林某某申请人身保护案[①]

【基本案情】

林某某婚后不久即遭受丈夫余某的谩骂殴打、用水果刀追杀，朋友也遭到威胁恐吓。当余某被发现与异性有不正当关系后，擅自闯入林某某住处换锁、打砸东西和家具、打伤林某某的头部、脸部，并发短信威胁杀害林某某的父母和儿子。林某某曾多次报警，但余某仍然对其进行殴打、威胁。2013 年 3 月林某某起诉至法院，申请法院作出人身保护裁定并要求法院责令余某自费接受心理治疗。

【裁判结果】

余某经合法传唤未到庭，法院依法适用了简易程序进行缺席听证。林某某向法庭提供了充分证据，如《报警回执》、照片及病历、手机短信截屏，证明余某威胁恐吓、殴打致伤的事实，并提交《房地产权证》复印件证

① 参见中国妇女网，http：//www. cnwomen. com. cn/2015/12/04/9939912. html，2023 年 2 月 24 日访问。

明现住房为自己的婚前财产，以及发现余某婚外情报警后，公安机关作出的调解书、协议书和余某写的保证书等。4月9日，法院经审查认为，林某某的申请符合条件，即出具了人身保护民事裁定书，禁止被申请人余某殴打、威胁申请人林某某或其儿子、父母姐妹；禁止余某利用骚扰、跟踪等手段，妨碍申请人林某某及其儿子、父母姐妹的正常生活；禁止余某在林某某居住区200米范围内活动。如余某违反上述禁令，视情节轻重处以罚款、拘留；构成犯罪的，依法追究刑事责任。裁定书送达被申请人，并送当地公安机关。关于责令余某自费接受心理治疗的请求，由于不是法定的民事责任承责方式，目前在民事法律中没有相应规定，经过法官的耐心说明，林某某自愿撤回该请求。

【典型意义】

本案集中体现了人身保护裁定在预防和制止家庭暴力中的重要作用。《最高人民法院关于适用〈中华人民共和国婚姻法〉若干问题的解释（一）》中对“家庭暴力”的定义是：“行为人以殴打、捆绑、残害、强行限制人身自由或者其他手段，给其家庭成员的身体、精神等方面造成一定伤害后果的行为，持续性、经常性的家庭暴力，构成虐待。”但在实际生活中，很多家庭暴力行为往往没有造成法律意义上的伤害后果，而如何认定“持续性、经常性”，也没有进一步的判断标准。对于施暴者出现的扬言报复、威胁恐吓、跟踪骚扰等具有现实危害性、时间紧迫性的行为，如不切实加以重视，有效制止，常常会酿成恶性案件。2013 年修正的《中华人民共和国民事诉讼法》第一百条对行为保全作出了明确规定，使人身保护裁定有了明确的法律依据。

本案中法官充分认识到家庭暴力危害性的特点，抓紧审查证据，仔细研究案情，还与申请人进行了电话沟通，获知她及其家人的现状、身体状况、人身安全等情况，准确把握针对家庭暴力的行为保全申请的审查标准，简化了审查的流程，缩短了认定的时间，依法、迅速地作出裁定，对受暴力困扰的妇女给予了强有力的保护。本案中林某某为受害者如何申请人身保护裁定作出了好的示范，她具有很强的证据意识，在家暴发生后及时报警，保存各种能够证明施暴行为和伤害后果的证据并完整地提供给法庭，使得法官能够快速、顺利地作出决定，及时地维护了自己的权益。

第四章 文化教育权益

相关案例

田某某母子三人人身安全保护令和学校发现报告案[1]

【基本案情】

妇女田某某从2003年开始与郝某某同居，生育了一儿一女，2017年补办结婚证。郝某某经常殴打田某某，多次导致其住院治疗，田某某为了孩子有个家一直默默忍受。2017年10月，田某某外出打工，郝某某在家殴打孩子，并拿菜刀、农药威胁要砍死、毒死孩子。十天后，郝某某酒后到学校要强行接走女儿，女儿向班主任求助，班主任将她保护起来并报警。最后，田某某带两个孩子

---

① 参见中国妇女网，http：//www.cnwomen.com.cn/2019/11/28/99182618.html，2023年2月24日访问。

逃出来向省妇联求助。

省妇联指派的律师为田某某提供了法律援助，依据《中华人民共和国反家庭暴力法》向属地法院申请人身安全保护令，法院当即立案。主办法官到两个派出所、学校和村委会调查、走访、取证，并结合田某某提交的微信记录及受伤照片，认定人身安全保护令申请符合法律条件，在72小时内发出了人身安全保护裁定，禁止郝某某实施家庭暴力、跟踪、骚扰、接触田某某母子三人及近亲属，并远离田某某住所、工作场所及孩子的学校。

法院将协助执行通知书和人身安全保护裁定送达派出所、郝某某所在的村委会和孩子就读学校，要求派出所、村委会、学校一同监督郝某某遵守执行人身安全保护令，一旦发现郝某某有违反裁定的行为要立即报告，同时，联合派出所、村委会将人身安全保护裁定书当面送达郝某某，向其讲解《中华人民共和国反家庭暴力法》相关规定。郝某某认识到家暴行为的违法性，表示不会再殴打、恐吓妻子和孩子。两个孩子经过心理疏导后，目前已返回学校正常学习、生活。

【典型意义】

本案是学校积极履行强制报告义务、法院及时针对

“面临家庭暴力现实危险”的情形发出人身安全保护令的典型案例。

《中华人民共和国反家庭暴力法》实施以来，在预防和制止家庭暴力、促进多部门合作保护受暴妇女儿童权益方面，发挥了重要作用，其中一大亮点是规定了学校、幼儿园、医疗机构、村（居）委会等单位机构及其工作人员的强制报告义务。本案中田某某女儿所在学校发现其面临家暴危险时，积极履行强制报告义务，及时向公安机关报警，保护了孩子的人身安全。

本案承办法官充分认识到家庭暴力危害性及其特点，依职权调查取证、走访，同时准确把握人身安全保护令的审查标准，认定田某某母子三人遇到家暴现实危险，依法迅速作出裁定，有效保护了受害人的安全。法院联合派出所、村委会当面送达施暴人并对其进行法治教育的做法值得推广，要求学校作为人身安全保护令的协助执行主体，在执行环节上形成工作闭环，也为学校保护孩子提供了有力的法律依据。

在本案中，妇联组织积极协调各方，为田某某及其子女及时提供了法律帮助和心理咨询服务，切实履行了《中华人民共和国反家庭暴力法》规定的职责，帮助受害妇女儿童顺利回归正常学习和生活。

第五章　劳动和社会保障权益

典型案例

1. 邓某某诉某速递公司、某劳务公司一般人格权纠纷案[①]

【基本案情】

某劳务公司在某同城网站上发布招聘信息，标题为“某速递员三千加计件”，任职资格：男。邓某某遂在线投递简历申请该职位，并于 2014 年 9 月 25 日到某速递公司进行了面试。邓某某主张其面试后并在某速递公司某营投部试干了两天。邓某某称，根据试干结论，双方达成于 10 月 8 日签约的意向，某速递公司某营投部主任戴某要求其先做入职体检，因此花费体检费 120 元。邓

① 参见中华人民共和国最高人民法院网站，https：//www. court. gov. cn/zixun-xiangqing-24931. html，2023 年 2 月 24 日访问。

某某就此提交2014年9月28日其与戴某的谈话录音以及体检报告予以佐证。邓某某表示因10月8日未能签约，故其于10月16日给某速递公司人事专员打电话询问戴某的联系方式，后戴某让其联系李某。10月19日邓某某给李某打电话询问不能签合同的原因，李某确认因为邓某某是女性所以某速递公司不批准签合同。邓某某就此提交2014年10月19日其与李某电话通话录像复制件予以证明（诉讼中，邓某某申请对该录像中画面是否经过剪辑修改、录音是否经过剪辑修改进行鉴定，邓某某交纳鉴定费6450元）。2015年3月31日，邓某某向公证处申请保全某劳务公司在其官网上发布快递员招聘单位及条件的网页，花费公证费1000元。邓某某称其应聘的快递员一职并不属于不适合妇女的工种或岗位，但某速递公司、某劳务公司仅因为邓某某是女性就表示不予考虑，导致邓某某受到了就业性别歧视。邓某某自从被拒后一直没有找到一份满意的工作，情绪低落、沮丧、失眠，邓某某受歧视、遭排挤的心理阴影难以消除。综上，邓某某请求判令：某速递公司、某劳务公司向邓某某以书面形式赔礼道歉，连带赔偿邓某某入职体检费用人民币120元、公证费用人民币1000元、精神损害抚慰金人民币50000元、鉴定费6450元。

某速递公司则认为：1. 我方不存在歧视邓某某就业的客观条件，也无歧视邓某某就业的实际行为。广告不是我方发布的，我方也从未委托某劳务公司发布此类广告。如果该广告存在就业性别歧视，应当由某劳务公司承担责任。假设邓某某提供的证据都是真实的，但我方的员工没有一句是对女性就业的歧视。2. 投递员是法律法规禁止女性从事的负重体力劳动。关于女职工劳动保护，我国法律法规中也有规定，包括《中华人民共和国劳动法》《女职工劳动保护特别规定》《女职工禁忌劳动范围的规定》。

某劳务公司认为：本公司与某速递公司签订了《劳务派遣协议》，由本公司为某速递公司提供劳务派遣服务。关于某同城网站登载的广告，系本公司自行发布的，未向某速递公司通报。如广告有违法情况，本公司愿承担全部法律责任。

【裁判结果】

法院生效裁判认为：戴某作为某速递公司某营投部主任，在招录人员上显然能够代表某速递公司。邓某某在某速递公司面试后，戴某已经代表某速递公司表明其有意愿聘用邓某某，虽然聘用形式是直接聘用还是劳务派遣在2014年9月28日谈话中并未明确，但能够肯定的是某速递公司给予邓某某获得在某速递公司担任快递员的机会。在邓某某未能如期签约的情形下，戴某告知邓某某联系李某，且李某在电话中亦表明邓某某的应聘资料在其处，故法院认定李某能够代表某速递公司。某速递公司在答辩意见中所援引的相关规定并不能证明快递员属于国家规定的不适合妇女的工种或者岗位。对于邓某某询问丧失应聘机会的原因是否因其为女性时，李某作了肯定的答复，能够证明某速递公司拒绝聘用邓某某的原因在于其为女性，侵犯了邓某某平等就业的权利。某速递公司对其侵权行为给邓某某造成的合理损失应予以赔偿。

某劳务公司虽然在其网站上及在某同城网站上发布的涉诉岗位的招聘信息均表明任职资格为男性，但某劳务公司并未因邓某某系女性而拒绝提供就业机会，仍通知邓某某进行面试。本案中，邓某某并未举证证明某劳务公司对其实施了就业性别歧视的行为，故邓某某要求某劳务公司承担责任，法院不予支持。邓某某主张赔偿公证费用，缺乏依据，法院不予支持。

某速递公司不认可邓某某提交的体检报告部分内容的真实性，但未提交反驳证据，法院对其真实性予以采信。邓某某虽未提交体检费票据，但体检系应某速递公司的要求，且邓某某提交了体检报告，邓某某主张的入职体检费用符合一般市场行情，法院予以支持。鉴定费系邓某某为维权产生的合理费用，应由某速递公司予以赔偿。

某速递公司对邓某某实施了就业歧视，给邓某某造成了一定的精神损害，故法院结合某速递公司在此过程中的过错程度及给邓某某造成的损害后果酌情支持邓某某精神损害抚慰金2000元。邓某某所提某速递公司书面赔礼道歉的请求，依据不足，不予支持。

法院判决：

一、某速递公司于本判决生效之日起七日内赔偿邓某某入职体检费用120元、精神损害抚慰金2000元、鉴定费6450元；

二、驳回邓某某的其他诉讼请求。

宣判后，邓某某及某速递公司向北京市第三中级人民法院提起上诉，北京市第三中级人民法院于2016年2月23日作出判决：驳回上诉，维持原判。

【典型意义】

实行男女平等是国家的基本国策。《中华人民共和国妇女权益保障法》规定妇女在政治的、经济的、文化的、社会的和家庭的生活等各方面享有同男子平等的权利，而《中华人民共和国劳动法》《中华人民共和国就业促进法》进一步具体规定劳动者就业，不因民族、种族、性别、宗教信仰不同而受歧视，妇女享有与男子平等的就业权利；在录用职工时，除国家规定的不适合妇女的工种或者岗位外，不得以性别为由拒绝录用妇女或者提高对妇女的录用标准。但现实生活中，考虑到女性特殊的生理性原因，妇女需要生育、哺乳以及有生理期等，招聘单位往往以较为隐蔽的方式（如以只接收简历不通知面试或专业不对口等非性别原因掩盖核心的性别原因）拒绝录用女性，使得女性在就业时因性别而遭受歧视。由于应聘者和招聘单位地位不对等、信息不对称使得应聘者很难获取招聘单位实施就业性别歧视的证据，即便掌握了相关证据，出于诉讼成本及效益等方面的考虑，应聘者未必拿起法律武器维护自己的权益。

本案中，应聘者通过收集证据形成证据链，能够证明某速递公司在已表明愿为其提供担任快递员机会并签约的情形下，又予以反悔，拒绝录用应聘者，构成就业性别歧视。在招聘单位仅仅以性别原因拒绝录用应聘者的情况下，招聘单位就构成了侵权，对由此而给应聘者造成的直接经济损失应予以赔偿，同时招聘单位的拒录行为客观上也给应聘者造成了一定的精神损害，对于应聘者主张的精神损害抚慰金可根据招聘单位的过错程度以及对应聘者造成的损害后果酌情确定。对实施就业性别歧视的单位通过判决使其承担民事责任，不仅是对全体劳动者的保护，营造平等、和谐的就业环境，更是对企图实施就业性别歧视的单位予以威慑，让平等就业的法律法规落到实处，起到规范、引导的良好作用。

2. 检察院督促保护残疾妇女平等就业权行政公益诉讼案[①]

【关键词】

行政公益诉讼诉前程序　残疾妇女平等就业权益　协同共治　“益心为公”志愿者

【要旨】

针对辖区内企业残疾人招聘涉嫌性别歧视问题，检察机关借助“益心为公”检察云平台志愿者力量，充分发挥公益诉讼检察职能，精准督促相关职能部门及时纠

① 参见中华人民共和国最高人民检察院网站，https：//www. spp. gov. cn/xwfbh/dxal/202211/t20221125_ 593721. shtml，2023 年 2 月 24 日访问。

正整改，共同维护残疾妇女的平等就业权。

【基本案情】

2022年5月，某区的置业公司、园林公司在面向全区残疾人推出的就业招聘中对岗位性别进行了限定，限招男性，然而岗位并不属于国家规定的不适合妇女的工种或者岗位，未充分保障残疾妇女平等就业权，损害了社会公共利益。

【调查和督促履职】

2022年5月，一名“益心为公”检察云平台志愿者向检察院反映，近期本区残疾人线上专场招聘中，部分招聘岗位指向性明显，涉嫌性别歧视。检察院迅速研判并调查核实，发现该招聘活动系2022年某区国有企业招录残疾人线上专场招聘，旨在帮扶残疾人就业。招聘启事中有企业岗位设定性别限制，岗位信息显示：置业公司招聘招标审价员1人，性别男，岗位要求遵守国家法律法规，爱岗敬业，品行端正；具有全日制本科及以上学历，理工类相关或相近专业；具有5年以上招标审价工作经验。园林公司招聘绿化修剪工1人，性别男，岗位要求是熟悉园艺修剪，能够适当从事体力劳动。检察院经审查认为，上述岗位并不属于国家规定的不适合妇女的工种或者岗位，却限招男性，侵害残疾妇女平等就业权，损害了社会公共利益。根据《中华人民共和国劳动法》《中华人民共和国就业促进法》等相关法律规定，区人社局负有监督管理职责。2022 年 5 月 30 日，检察院以行政公益诉讼立案并开展调查取证。

2022 年 6 月 8 日，检察院举行线上公开听证会，邀请区人社局、区国资委、区残联、人民监督员、“益心为公”志愿者及用人单位代表共同参与听证，就公益侵害事实、如何保护妇女平等就业权等问题开展探讨并取得共识，一致认为涉案企业积极落实帮扶残疾人群体就业值得肯定，但在招聘岗位并不属于国家规定的不适合妇女的工种或者岗位、仅限招录男性的做法，违反了《中华人民共和国妇女权益保障法》等法律规定，未充分保障残疾妇女平等就业权。听证会结束后，检察院依法向区人社局发出行政公益诉讼诉前检察建议，建议其履行保障残疾妇女平等就业权的法定监管职责，并协同有关职能部门进一步规范辖区内企业单位招聘工作，建立健全长效工作机制。同时，检察院向区国资委、区残疾人就业促进指导中心分别制发《关于进一步规范辖区国有企业招聘工作的提示函》《关于进一步优化辖区残疾人就业指导工作的提示函》，提示规范招聘信息征集、发布流程管理，凝聚多部门工作保护合力。

各行政机关收到检察建议或提示函后高度重视，并积极推动整改。区人社局回函表示，已第一时间约谈涉案企业，责令立即改正违法行为，并就规范辖区内企业单位的招聘工作进行了整体部署；区国资委回函表示，已删除原招聘链接并重新制作后予以发布；区残疾人就业促进指导中心回函表示，已向各街镇残联下发通知，取消性别限制，延长报名时间，同时优化招聘工作流程与机制，截至目前已有残疾女性报名。

收到回函后，检察区院通过线下上门走访、线上调查核实等方式进行跟进监督，确认了相关整改事实，社会公共利益得到维护。同时，为进一步做好溯源治理，检察院与区妇联建立工作机制，全方位保护残疾妇女合法权益。

【典型意义】

国家高度关注残疾人就业，2022 年全国助残日主题就是“促进残疾人就业，保障残疾人权益”。本案中，检察机关围绕残疾女性的平等就业权开展公益诉讼，依法向主管行政机关发出诉前检察建议，督促及时纠正违法招聘行为、消除就业歧视。既立足残疾人弱势群体保护，也着眼妇女平等就业权保障。同时，坚持以“我管”促“都管”，注重拓展办案效果，分别向相关部门发出工作提示函，督促其进一步优化就业招聘工作机制，形成多元主体协同保护残疾妇女合法权益的治理格局。

相关案例

3. 依法纠正山东荣成某企业劳动合同限制生育案①

【基本案情】

2018 年 6 月，市总工会接到女职工张某的电话咨询，了解到该市某企业在与职工签订的劳动合同中，附加条款规定女职工三年内禁止怀孕。张某两年前来到这家企业做行政秘书，意外怀孕后被企业解雇。市总工会认为该企业违反了《中华人民共和国妇女权益保障法》《中华人民共和国劳动法》《中华人民共和国劳动合同法》《中华人民共和国就业促进法》《女职工劳动保护特别规定》等多部法律关于不得限制生育、不得在女职工孕期

① 参见中国妇女网，http：//www.cnwomen.com.cn/2019/11/28/99182618.html，2023 年 2 月 24 日访问。

单方解除劳动合同的规定，于接到电话次日与该企业负责人进行了第一次交涉，但负责人态度恶劣，以合同是职工自愿签订为由，坚持按原定方案处理。

市总工会调整了工作方法，在充分了解该企业的运营情况后，通过企业工会联系该负责人，进行第二次交涉，在充分肯定企业工作成绩的基础上适时提出张某反映的问题。该负责人表示，企业是在女职工占比70%并且大多数处于育龄期、上级部门不予扩增人员的情况下，为避免人力严重不足，不得已作出的规定。市总工会工作人员向其耐心讲解企业这一规定明显违法，必须立即纠正；并且说明如果案件通过劳动仲裁解决，企业势必会被要求整改，对单位和个人的征信都将产生很大影响。最后，该负责人态度明显转变，同意撤销对张某的处理，并接受建议，安排专人对企业规章制度、奖惩规定以及劳动合同进行修订。几天后，企业工会来电报告女职工张某已经恢复岗位，且企业已制定出新的规章制度和劳动合同，主动邀请市总工会派专业人员帮助审查。

【典型意义】

本案是有效处置企业在劳动合同中违法设置限制生育条款的典型案例。当地总工会接到职工的热线投诉后，立即与企业负责人接触沟通，反映职工诉求，通过晓之以法、动之以情的思想工作，使企业认识到行为的违法性，采取积极措施纠正，给女职工张某恢复了工作岗位。市总工会还派专业律师团队指导该企业审查其新修订的规章制度、奖惩规定和劳动合同，对其中不合理的条款进行了调整，于当天召开职代会表决通过，对全体职工予以公示，同时与女职工重新签订劳动合同，预防此类问题再度发生。

工会作为职工权益的代表者、维护者，在加强与企业沟通协商、及时协调侵权问题调查处理、促进劳动关系和谐稳定中发挥了重要作用。

4. 李某某孕期被劝退仲裁维权案[①]

【基本案情】

李某某于 2017 年 3 月入职宁夏某公司，签订了为期 2 年的劳动合同，岗位系办公室文员。2018 年 11 月，李某某因怀孕向单位请了两周保胎假，休完假后正常复岗

① 参见中国妇女网，http：//www.cnwomen.com.cn/2019/11/28/99182618.html，2023 年 2 月 24 日访问。

工作。2019年1月22日，单位以李某某工作表现不符合岗位职责为由，将其调到销售岗位。李某某不同意，认为以目前自身情况无法完成销售任务。公司以李某某不服从管理为由，要求她递交辞职报告。1月24日，李某某来到市总工会职工（农民工）法律援助工作站求助。法律援助工作站联系该公司负责人核实情况，并告知其违反了用人单位在女职工孕期不得单方解除劳动合同的法律规定。该公司负责人态度强硬，称劝退不是辞退，没有违反法律规定。

面对这种情况，法律援助工作站为李某某指派了律师，代写了劳动仲裁申请书，递交到劳动人事争议仲裁院。用人单位收到劳动人事争议仲裁院的通知后，考虑到如果败诉将承担不利法律后果，公司负责人主动要求调解。2019年3月12日，仲裁庭根据《中华人民共和国劳动合同法》《女职工劳动保护特别规定》进行裁前调解。经调解，用人单位同意不予辞退，李某某返回原岗位，安排每日一定时间的工间休息，并根据《宁夏回族自治区女职工劳动保护办法》相关规定，将两周保胎假计入产假，补发此前扣发的两周工资。

【典型意义】

本案是一起典型的用人单位“恶意调岗”侵犯孕期女职工权益的案件。用人单位出于规避法律的故意，无视劳动合同的约定，将怀孕女职工调整到相对繁重的工作岗位，然后以女职工不服从调整或者不能胜任工作岗位为由“劝退”，达到辞退女职工的目的。这种做法侵犯了女职工的生育权利，在现实中具有一定的代表性。我国《女职工劳动保护特别规定》第六条明确规定了孕期调岗的情形，即女职工在孕期不能适应原劳动的，用人单位应当根据医疗机构的证明，予以减轻劳动量或者安排其他能够适应的劳动。这种从保护女职工特殊权益角度出发的调岗，需要有医疗机构的医学证明，并且征得女职工同意，安排职级、待遇相当的职位。

李某某在被强迫调整岗位后及时向工会投诉，市总工会采取“仲裁+工会”为职工提供法律援助的维权模式，一方面向用人单位核实情况，进行普法宣传；另一方面向女职工提供法律援助，申请劳动仲裁，促成调解，最大限度维护女职工权益。

5. 产假期间被扣生育津贴获赔案[①]

【基本案情】

陈某某于2017年11月7日入职某咨询公司，劳动合同为期3年，工作地点为某省。2019年4月16日起，陈某某经公司批准休产假，第二天被公司告知某省区域业务经营调整，决定撤销其所在岗位，与其解除劳动合同。陈某某提出抗议，要求公司赔偿并出具书面解除证明，遭到拒绝。2019年7月，陈某某按公司要求向当地社保部门申领了生育津贴，但公司一直未向其支付。

陈某某向省职工服务中心申请工会法律援助，中心工作人员经核实确认情况属实后，指派省工会法律援助律师代理其向劳动人事争议仲裁委员会申请仲裁。律师指导陈某某与公司负责人再次沟通还原事情经过，并保存电话录音、微信聊天记录，与劳动合同、工作系统钉钉聊天记录、社保清单、工资银行流水明细等证据一同提交给仲裁委员会。12月20日，劳动人事争议仲裁委员

---

① 参见微信公众号“全国妇联女性之声”，https：//mp. weixin. qq. com/s/7NLzI3y6A8vG2pslOPv7dA，2023年2月24日访问。

会作出《案件逾期告知书》，告知陈某某可向人民法院提起诉讼。

2020 年 6 月 17 日，法院开庭审理此案，公司经合法传唤无正当理由未到庭参加诉讼。因事实清楚、证据充分，法院判决基本支持了陈某某的诉讼请求，确认陈某某与公司自 2017 年 11 月 7 日至 2019 年 4 月 17 日期间存在劳动关系，判决：公司向陈某某支付违法解除劳动关系赔偿金、产假期间的生育津贴、失业期间的失业保险金损失，共计 48439. 35 元。公司于 11 月中旬执行了判决。

【典型意义】

本案是一起用人单位以非过错性理由与“三期”女职工单方违法解除劳动关系、克扣女职工生育津贴的典型案例。《中华人民共和国妇女权益保障法》《中华人民共和国劳动合同法》《中华人民共和国社会保险法》和《女职工劳动保护特别规定》等国家法律法规规定，女职工怀孕、生育、哺乳的，用人单位不能单方与其解除劳动合同，具有《中华人民共和国劳动合同法》第三十九条规定的情形除外；女职工合法生育产假期间，应当享受生育津贴。另外，按照《中华人民共和国劳动合同法》规定，用人单位应当在解除或者终止劳动合同时向劳动者出具证明。本案中，公司业务经营调整不是单方与“三期”女职工解除劳动合同的合法理由，明显属于违法解除劳动合同的行为；拒绝出具解除劳动合同证明的行为违反了法律法规，也给陈某某造成了无法申领失业保险的损失。公司不仅应当承担违法解除劳动合同赔偿金，也应对女职工生育津贴、失业期间的相关损失承担赔偿责任。

本案中工会及时为当事人提供法律援助，切实发挥了在维护职工合法权益方面的重要作用，广大女职工遇到此类案件时，应当积极寻求工会组织的帮助。

6. 高某诉某公司劳动争议案①

【基本案情】

某公司原总经理高某，39岁，于2007年12月入职，2014年4月起休产假，法定产假结束后主动到岗工作。其产假期间公司办公地点发生变化未告知其新址，高某自行找到办公地点，坚持工作。9月5日，公司董事长

① 参见中国妇女网，http：//www.cnwomen.com.cn/2015/12/04/9939912.html，2023年2月24日访问。

口头通知高某解除劳动关系，但拒绝出示正式书面辞退通知，也未提出经济补偿方案。高某在该公司工作7年，公司始终未与其签订书面劳动合同，并克扣和拖欠哺乳期工资，在哺乳期间对其提出辞退。与董事长协商争取权益无果后，高某委托律师处理劳动争议事宜，帮助其维护自身合法权益。

【裁判结果】

律师为高某提供了咨询意见，建议其可以要求某公司撤销违法解除劳动关系的通知，提供劳动条件，恢复工作岗位，或者要求公司给予相应的经济补偿。由于辞退通知系口头提出，无证据证明某公司存在违法辞退情形，律师建议高某再次与某公司沟通，要求出具书面辞退通知书，并将谈话内容进行录音，保留证据。同时，在协商期间按时上下班，不做违反公司规章制度的事情。

再次协商后，某公司仍拒绝出具书面辞退通知书。高某的代理律师向某公司出具了律师函，正式提出维权需求，未果后向劳动争议仲裁委员会提起劳动仲裁申请，要求某公司支付克扣和拖欠的工资，确认双方劳动关系存续。仲裁委作出裁决支持高某的部分请求，某公司不服，向法院提起诉讼。在庭审中双方达成调解协议，法院出具了民事调解书，确认双方劳动关系解除，某公司于规定期限内向高某支付包括工资、经济补偿金等在内的调解最终款项 195000 元，双方劳动争议一次性解决。某公司在约定时间内向高某支付了相关款项。

【典型意义】

本案是哺乳期女性依法维护自身劳动权益的成功案例，本案中某公司变更地址不通知休产假员工，克扣和拖欠哺乳期工资，不提供工作条件，无故予以辞退，不签订劳动合同，漠视女职工的劳动权益，而本案当事人高某作为公司高管，却始终未与公司签订劳动合同，也为纠纷埋下了隐患。本案中，确认劳动关系存在，收集和固定有利于劳动者的证据是有效维权的关键。高某的代理律师在案件办理中充分发挥了作用，从女性平等就业权的角度入手，认真研究案情和解决方案，指导高某与用人单位进行沟通协商、收集和保存相关证据，扭转了高某证据不利的局面，在仲裁和诉讼中争取了主动。高某在权益受侵害后及时寻求专业律师的帮助，积极地依法维权，最终获得了应有的补偿，体现出职场女性自觉学法用法、积极主动维权的意识和能力，对女性职场维权具有借鉴意义。

7. 某高中女教师“排队生育”事件[1]

【基本案情】

为避免女教职工生育出现“产假式缺员”，2016年初，某高中要求女教职工有序生育，并要求各学科对可以怀孕生二孩的教师要限定名额，“排队生育”。

【裁判结果】

经深入调查后，省总工会对事件处理提出明确要求：一是要求市总工会和县总工会依法维护好女教职工的生育权、劳动权和休息休假权。二是要求严格落实《中华人民共和国妇女权益保障法》《中华人民共和国劳动法》《女职工劳动保护特别规定》等法律法规，任何学校不能以剥夺或限制生育权的非法手段解决教学难题。三是广泛组织工会干部和教职工学习国家法律法规和大政方针，坚决杜绝任何与女教职工合法权益和切身利益相违背的规定和行为再次出现。

---

① 参见中国妇女网，http：//www.cnwomen.com.cn/2018/04/25/9986622.html，2023年2月24日访问。

最终，县委、县教育行政部门与涉事单位迅速采取整改措施：某高中取消所制定的管理意见，纠正错误做法。县委宣传部正面回应媒体和社会关切。县教育局采取加大师范院校招录力度、临时聘请代课教师替补和返聘退休教师等措施，缓解生育缺员问题。

为加强源头防范，省总工会及时下发《关于做好“全面二孩”政策下女职工权益维护工作的紧急通知》，并在全省启动生育保障制度实施情况调研。市总工会结合调研，与市人社局联合出台《关于做好“全面二孩”政策下女职工权益维护工作的通知》。县总工会下发《关于开展女职工权益保护情况自查整改的紧急通知》，对全县女职工二胎生育情况大调查，要求各单位对女职工排队怀孕、怀孕转岗、工资降低以及其他违反法律法规等问题坚决整改。

【典型意义】

生育权是公民依法享有的生育子女的权利，除法律有规定外，任何单位或个人不得非法剥夺或限制公民的生育权。一直以来，女性在怀孕、哺乳、养育子女等方面承担了大量的家庭责任，导致女性在职场受到歧视问题时有发生。主要表现在：对女性就业歧视；用人单位不落实“四期”保护；女职工劳动合同中加入延缓生育条款；对孕期、哺乳期的女职工擅自转岗、缩短产假、变相降薪或辞退女职工等。

案例反映了用人单位限制女性生育权的问题。在案件处理中，工会发挥主导作用，协调各方力量维护女职工合法权益，不仅及时督促相关部门调查和整改，在解决个案的基础上，省、市、县三级工会均出台文件，规制了侵犯女职工生育权和劳动权的行为，从源头上有效防范侵权事件的再次发生。此外，宣传、教育等相关部门也作出正确应对，受到社会各界一致好评。

第六章　财产权益

典型案例

1. 李某与杨某不当得利纠纷案[①]

【基本案情】

原告李某与丈夫宋某于 1998 年 4 月 10 日登记结婚，婚后共同创办公司并经营。2011 年 5 月，宋某通过朋友介绍与被告杨某发展为情人关系，原告李某一直蒙在鼓里。2011 年 11 月 8 日，宋某为履行对杨某的承诺，将 66 万元转账到杨某账号上，原告李某发现后，多次找杨某索要未果，故向法院起诉。原告李某起诉认为，其丈夫宋某背着自己私自将 66 万元钱支付给与其有不正当关系的被告杨某，不仅违反了相关法律规定，也违背了公序良俗和社会道德，被告杨某应返还其取得财产并承担

① 参见中华人民共和国最高人民法院网站，https：//www.court.gov.cn/zixun-xiangqing-16211.html，2023 年 2 月 24 日访问。

本案的诉讼费用。诉讼中，被告杨某经合法传唤，未到庭参加诉讼。

【裁判结果】

法院审理认为：夫或妻非因日常生活需要对夫妻共同财产作出的重要处理决定，夫妻双方应当平等协商，取得一致意见。宋某背着妻子将66万元的现金支付给情人，违背了公序良俗和社会道德，违反了《中华人民共和国婚姻法》的规定，其行为应认定为无效，被告杨某所得66万元款项没有合法依据，取得了不当利益，造成了原告的损失，属不当得利，依法应予返还。为此，法院依法判决由被告杨某将66万元现金返还给原告李某。

【典型意义】

本案是因婚外情导致的不当得利纠纷，因现实生活中有类似情况的出现，故本案的处理引起了广泛的关注。法律明确规定，夫或妻在处理夫妻共同财产上的权利是平等的。因日常生活需要而处理夫妻共同财产的，任何一方均有权决定。夫或妻非因日常生活需要对夫妻共同财产做重要处理决定，夫妻双方应当平等协商，取得一致意见。他人有理由相信其为夫妻双方共同意思表示的，另一方不得以不同意或不知道为由对抗善意第三人。本案例中，杨某接受宋某赠与的财产并没有付出相应的对价，因此不属于有偿取得，不能适用善意取得制度。另外因该66万元数额巨大，且并非日常生活需要，宋某无权单独处理，其无偿赠与杨某的行为损害了李某的合法权益，有违公平原则。并且原告丈夫与情人的关系与我国提倡的社会主义道德是相违背的，违背了公序良俗，是不受法律保护的。因此，宋某的赠与行为应认定为无效，李某作为财产所有人和利害关系人有权要求杨某全部返还。

相关案例

2. 王某夫妻共同财产纠纷案[①]

【基本案情】

王某与韩某于1982年登记结婚，婚后以家庭为单位承包土地并在宅基地上自建房屋多间，2004年因征地拆迁获得三套安置房。2013年5月，王某因无法忍受韩某

① 参见中国妇女网，http：//www.cnwomen.com.cn/2015/12/04/9939912.html，2023年2月24日访问。

长期外遇及家庭暴力，向法院起诉离婚。庭审期间，韩某和哥哥姐姐合谋，让他们作为原告向法院起诉自己，称三套拆迁安置房为其父母遗产，要求平均分割并继承遗产，法院于2013年9月作出调解书，三套房产由七个子女共同继承。王某知晓后，认为自身合法权益受到了严重侵害，诉至法院，请求依法撤销民事调解书。

【裁判结果】

因年代久远，关于涉案房产的证据取证非常困难，尤其是涉及农村土地及宅基地的证据，有些档案因保管不善，已经趋于灭失。经过长达两个月的艰难取证，在相关机关的配合下，代理律师协助王某取得了所有涉案证据。2014年3月18日，王某诉韩某等人请求撤销民事调解书一案开庭审理，原告出示了大量的证据。法院审理后认为，韩某等人协议认定为父母遗产的房屋有应属于原告王某的份额，韩某等人侵害了王某的合法权益，判决支持原告王某的诉讼请求，撤销了民事调解书。韩某等人提出上诉，二审法院经开庭审理，判决驳回上诉人韩某等人的全部请求。

【典型意义】

随着我国城镇化进程加快，城郊和农村的土地房屋逐渐升值，由离婚引发的农村妇女婚后财产的分割问题仍是一个难点问题，所牵涉的经济利益越来越大，一方隐匿、转移财产的情况时有发生。本案王某面对丈夫的家庭暴力，以及串通转移夫妻共同财产的恶劣行为，毅然提起了离婚及撤销民事调解书两场诉讼，坚持不懈地努力，最终胜诉，这种依法维权的决心、勇气非常值得肯定和学习。王某的律师排除农村宗族利益的干扰，做了扎实、有效的取证工作，法院最终以调解协议违反继承法规定为由，撤销了民事调解书，切实维护了妇女的合法权益。本案也提示了要警惕在离婚过程中一方与他人串通进行虚假诉讼，损害妇女权益的情况发生。

3. 余某夫妻共同债务纠纷案[①]

【基本案情】

余某与吴某于1981年登记结婚，2007年协议离婚，

① 参见中国妇女网，http：//www. cnwomen. com. cn/2015/12/04/9939912. html，2023年2月24日访问。

离婚时双方对财产及债务进行了分割。2009 年 1 月，袁某某向法院诉称，吴某等人欠其款项 120 万元，经审理，法院判处吴某偿还借款 120 万元本金及利息，因借款发生在余某与吴某婚姻关系存续期间，余某承担连带偿还责任。余某对该债务完全不知情，向市妇联求助，获得了法律援助。余某向法院申请再审，认为原判决将其前夫吴某的工程欠款认定为夫妻共同债务不妥，要求予以改判。

【裁判结果】

法院经再审认为，自然人之间的借贷合同为实践合同，自出借人提供借款时生效。袁某某提供的证据，尚不足以证明他和吴某之间借贷关系实际、真实发生，他要求吴某承担归还借款 120 万元本息的诉请，因证据不足，不予支持。同时，根据《中华人民共和国婚姻法》第四十一条的规定，离婚时作为夫妻共同偿还的债务，应当是以用于夫妻共同生活为条件的。袁某某没有提供任何证据证明吴某借款用于家庭共同生活，故驳回其要求吴某的妻子余某承担责任的请求。

【典型意义】

夫妻共同债务的认定与处理，是审理离婚案件的疑难问题之一。《中华人民共和国婚姻法》第四十一条规定："离婚时，原为夫妻共同生活所负的债务，应当共同偿还。共同财产不足清偿的，或财产归各自所有的，由双方协议清偿；协议不成时，由人民法院判决。"根据此规定，"为夫妻共同生活"是认定夫妻共同债务的前提条件。因此，不能简单地把婚姻关系存续期间的一方债务都认定为共同债务，特别是以夫妻一方个人名义巨额举债的。本案再审法院没有机械适用有关法律和司法解释，而是通过全面审查借贷真实情况，准确适用法律条文，并将以个人名义所借的巨额债务是否为夫妻共同债务的举证责任做了适当分配，积极破解了虚假的债务，保障了妇女的合法权益。在婚姻关系异常期间，夫妻一方恶意举债，或者为了侵占共同财产而与他人串通虚设债务，让"债权人"诉请另一方共同承担偿债义务的情况时有发生，本案对于处理此类纠纷具有借鉴意义。

4. 陶某诉陈某某离婚纠纷案[①]

【基本案情】

陶某与陈某某于 1995 年登记结婚，婚后陶某做了多年家庭主妇，陈某某成为大学教授、博士生导师，两人育有一女。

2010 年，陈某某向法院起诉离婚，并提交当年 6 月、9 月的两张借条作为夫妻共同债务的证据，要求陶某承担共同还款责任，债权人杜某某也主张这两笔总计 377.5 万元的借款为夫妻共同债务。

【裁判结果】

法院判决准予双方离婚，夫妻共同财产对半分割，但未对夫妻共同债务进行处理。陶某不服一审判决，提起上诉，要求撤销一审判决适用的夫妻财产均分原则，主张应按 8∶2 的比例分配夫妻共有财产。

陶某经过努力，在杜某某提起的民间借贷纠纷诉讼

---

① 参见国务院妇女儿童工作委员会网站，https：//www. nwccw. gov. cn/2018-05/16/content_ 207388. htm，2023 年 2 月 24 日访问。

中发现所谓“借款”系陈某某、杜某某伪造，立即向检察院举报陈某某涉嫌虚假诉讼。检察院受理后将案件移交公安局侦查，并于2014年3月提起公诉，指控陈某某涉嫌妨害作证罪，杜某某涉嫌帮助伪造证据罪。同年11月，法院判决陈某某妨害作证罪成立，判处有期徒刑一年六个月，上诉后二审法院维持原判。在此期间，法院以陈某某刑事案件尚未判决为由，驳回陶某不服离婚案件一审判决的上诉请求，维持原判。陶某不服，向法院申请再审。陶某代理律师依照规定与法官沟通，就本案是否应发回重审及开庭审理发表补充意见，邮寄了相关的法律文书。

法院裁定本案另行组成合议庭再审，并中止原判决的执行。2016年5月18日，法院作出再审判决，认定陈某某伪造债务行为适用《中华人民共和国婚姻法》第四十七条，并结合债务数额、实际损害结果没有发生、陈某某已被刑事处罚等情节，判决陈某某分得夫妻共同财产的25%，陶某分得夫妻共同财产的75%。

【典型意义】

本案是一起典型的虚假诉讼案，意义在于对虚假诉讼行为的准确认定，以及依《中华人民共和国婚姻法》

第四十七条对伪造夫妻共同债务行为作出及时制裁和追究。

虚假诉讼是指当事人为了获取非法利益或规避法定义务，采取串通他人、伪造证据、虚构民事法律关系等方式，实现其非法目的的民事诉讼行为。2015 年施行的《中华人民共和国刑法修正案（九）》专门增设“虚假诉讼罪”，2016 年出台了《最高人民法院关于防范和制裁虚假诉讼的指导意见》，要求各级人民法院通过多种有效措施，防范和制裁民事商事审判领域存在的虚假诉讼行为。

本案中，陶某作为婚姻家庭和社会地位均处于弱势的一方，遭遇婚姻破裂与巨额债务的双重打击，并未轻易放弃，而是努力查找证据，依法进行举报，坚决采取法律手段，寻求律师专业帮助。当地公检法对陈某某涉嫌虚假诉讼的行为反应快速、打击有力，协调配合，各尽其责，及时追究了陈某某的刑事责任，有效惩处和震慑了犯罪，为虚假诉讼案的处理做了很好的示范。

本案再审法院准确认定陈某某伪造债务行为，并适用《中华人民共和国婚姻法》第四十七条给予了相应的制裁，是该案的一大亮点。《中华人民共和国婚姻法》第四十七条规定，离婚时，一方隐藏、转移、变卖、毁损夫妻共同财产或伪造债务企图侵占他方财产的，应该承担“少分或不分”的法律责任。

陈某某在离婚诉讼中将虚假债务作为夫妻双方的共同债务请求法院处理，其目的是非法侵占夫妻共同财产，虽然在法院审理阶段即被发现，伪造债务行为的结果最终并未实现。但是，《中华人民共和国婚姻法》第四十七条针对的是伪造债务的行为，并不要求实际损害结果发生。承办律师分析了伪造债务占原审中涉及的所有夫妻共同财产的比重，发现债务总额接近财产总额，因此提出按照 8∶2 的比例分割夫妻共同财产。最终，律师的意见基本得到法院的采纳，切实维护了陶某的合法权益，不仅是一次对婚姻弱势一方合法权益的成功保卫，也是对伪造债务一方的沉重打击。

5. 张某与周某、徐某夫妻共同债务纠纷案[①]

【基本案情】

徐某与丈夫周某于 1999 年登记结婚。周某于 2002

① 参见国务院妇女儿童工作委员会网站，https：//www.nwccw.gov.cn/2018-04/12/content_203637.htm，2023 年 2 月 24 日访问。

年开办一机械厂。2014 年 11 月两人协议离婚，并分割了婚内共有财产。2016 年 10 月，张某起诉到法院，要求确认 150 万元借款为周某与徐某夫妻共同债务。

张某称，2008 年至 2014 年，周某共分 8 次总计向张某借款 150 万元，2014 年 10 月，周某出具还款承诺书一份，载明借款 150 万用于工厂周转与职工工资及家庭开支，承诺于 2014 年 12 月 30 日还清。对上述借款，张某与周某已于 2015 年经法院主持达成调解协议，由周某分三期于 2015 年 10 月底前付清。后经法院强制执行，仍未支付。

【裁判结果】

本案一审法院根据《最高人民法院关于适用〈中华人民共和国婚姻法〉若干问题的解释（二）》第二十四条，判决案涉 150 万元借款属夫妻共同债务。二审查明，虽然借款发生在周某与徐某婚姻关系存续期间，但周某和张某均确认周某与徐某对共同举债并未达成合意，周某未能提供确凿证据证明徐某分享了该债务所带来的利益，且双方离婚时未就该笔债务作出约定，周某在离婚前 20 天向张某作过的还款承诺未经徐某确认。二审因此认定案涉借款为周某个人债务，改判驳回张某的诉讼请求。

二审合议庭认为，《最高人民法院关于适用〈中华人民共和国婚姻法〉若干问题的解释（二）》第二十四条目的是保护债权人的信赖利益，避免夫妻双方恶意串通损害债权人的利益，基于这一立法精神，对“夫妻一方能够证明债权人与债务人明确约定为个人债务”的证明标准可酌情适当放宽。本案中，债权人不仅承认债务人配偶对债务不知情，当初甚至参与对其隐瞒债务，因此就本案而言，对司法解释的规定作一定的扩张性解释更符合立法精神。

【典型意义】

本案是民间借贷纠纷中涉及夫妻共同债务认定的典型案件，二审审查合议庭摈弃了机械适用《最高人民法院关于适用〈中华人民共和国婚姻法〉若干问题的解释（二）》第二十四条条文文义的常见做法，在全面深入核查分析事实、科学理解立法精神的基础上，表明案中所涉债务不应认定为夫妻共同债务，驳回二审申请，公正维护了非举债一方权益。判决书中对法律的阐释与2018年1月17日发布的《最高人民法院关于审理涉及夫妻债务纠纷案件适用法律有关问题的解释》的精神不谋而合，在判断夫妻有无合意、举债方和债权人分配举证责任等方面，为今后审理此类案件提供了遵循。

二审审查合议庭认为处理该类案件，既要防止损害债权人的合法权益，更要警惕夫妻离婚后非举债一方（现实中更多的是女方）“被负债”情形的发生。主审法官注意到，本案周某连续多年向张某借款且只借不还，只有借条没有支付凭证，借款事实是否发生值得怀疑，且双方在立案当天调解确认债权，周某在离婚前 20 天向张某作还款承诺，离婚时却未有涉及，这些事实与一审庭审中张某与周某自认借钱时瞒着徐某等事实综合来看，张某出借款项时应是预期由周某个人偿还，并无与徐某发生债权债务关系的意思表示。因此，本案认定为个人债务对张某不失公平，最终以司法实践回应了维护妇女合法权益的需求，依法保障作为非举债一方妇女的合法利益不受侵害。

第七章　婚姻家庭权益

指导性案例

1. 张某云与张某森离婚纠纷案[①]

【关键词】

妇女权益保障　支持起诉　反家庭暴力　尊重家暴受害人真实意愿

【要旨】

反家庭暴力是国家、社会和每个家庭的共同责任，检察机关应当加强与公安机关、人民法院、工会、共产主义青年团、妇女联合会、残疾人联合会、居民委员会、村民委员会等单位、组织的协作配合，形成维护家庭暴力受害人合法权益的合力。在充分尊重家庭暴力受害人

---

① 参见最高人民检察院检例第 126 号。

真实意愿的前提下，对惧于家庭暴力不敢起诉，未获得妇女联合会等单位帮助的，检察机关可依申请支持家庭暴力受害人起诉维权。

【基本案情】

2006 年 3 月 9 日，张某云与张某森登记结婚。2019 年 6 月，因张某森实施家庭暴力，张某云起诉离婚。法院审理后认定，夫妻双方结婚十余年，因家庭琐事发生纠纷，夫妻关系不睦，但夫妻感情尚未破裂；虽然张某云提交因遭受家庭暴力受伤的照片，但未能提供充分证据证实达到婚姻法规定的“家庭暴力”并导致夫妻感情确已破裂的程度，考虑到双方婚后育有两个子女，且尚未成年，父母离婚往往会对孩子成长产生不利影响，为顾及双方子女利益，家庭关系稳定，社会和谐，判决不准张某云与张某森离婚。一审判决生效后，张某森与张某云继续分居。张某森仍时常殴打、恐吓张某云，导致张某云无法正常生活，夫妻关系并未改善，反而更加恶化。

【检察履职情况】

（一）受理情况

2020 年 4 月 12 日，张某云以遭受家庭暴力请求离婚为由向县司法局申请法律援助。在该局指引下，张某云向检察院申请支持起诉，该院审查后予以受理。

（二）审查过程

检察院通过询问张某云，查阅张某云母亲王某同报案材料、派出所出警记录、张某云伤情照片、微信聊天记录等调查核实工作，查明：张某森对张某云多次实施殴打，造成张某云面部、颈部多处瘀青、眼球充血；张某森还对张某云实施经常性恐吓等精神强制，致使张某云在第一次离婚诉讼时不敢出庭。检察院对张某云进行心理疏导，引导其走出心理阴影；向其宣讲反家庭暴力法等相关法律规定，鼓励其敢于向家庭暴力说不，勇于维护自身合法权益。

（三）支持起诉意见

2020 年 4 月 16 日，张某云再次向法院提起离婚诉讼，检察院同日发出支持起诉意见书。检察机关认为，张某云长期遭受家庭暴力，系家暴受害妇女，其合法权益依法应得到保护，根据《中华人民共和国民事诉讼法》第十五条之规定，可以支持其向人民法院起诉离婚。

（四）裁判结果

2020 年 4 月 16 日，法院受理张某云的起诉。2020 年 5 月 28 日，法院作出判决，认定张某云遭受家庭暴力的事实，认为夫妻感情确已破裂，准予张某云与张某森离婚。一审判决后，张某森提出上诉。2020 年 7 月 15 日，二审法院作出民事调解书，双方当事人同意离婚，并就子女抚养、夫妻共同财产分割等达成协议。

【指导意义】

（一）加强协作配合，形成保护家庭暴力受害人的合力

国家禁止任何形式的家庭暴力。反对家庭暴力不仅是家事，更是国家和全社会的共同责任。《中华人民共和国反家庭暴力法》第四条规定，县级以上人民政府有关部门、司法机关、人民团体、社会组织、居民委员会、村民委员会、企事业单位，应当依照本法和有关法律规定，做好反家庭暴力工作。第六条至第十条、第十四条等诸多条款规定司法机关、行政机关、社会团体、群众性自治组织等在反家暴工作中的责任与义务。检察机关履职中发现家暴线索的，应当先行协调相关责任单位履职尽责。检察机关除做好家庭暴力受害人的法律宣讲、心理疏导外，可以与民政部门联系，将家庭暴力受害人安置到救助管理机构或者福利机构提供的临时庇护场所，提供临时生活帮助；可以引导家庭暴力受害人向公安机

关报案、向人民法院申请人身保护令，保护其人身安全；对于涉嫌虐待犯罪的，可以引导家庭暴力受害人向人民法院提起刑事自诉追究加害人的刑事责任及附带民事赔偿责任。

（二）尊重家庭暴力受害人真实意愿，依申请支持其起诉维权

家庭暴力受害人享有婚姻自主权、人身损害赔偿请求权。家庭暴力受害人因害怕本人、父母、子女遭受报复等而不敢起诉维权，在获得妇女联合会等部门帮助下仍未能实现维权目标的，在充分尊重家庭暴力受害人真实意愿的前提下，检察机关可依其申请支持起诉，维护其合法权益。

【相关规定】

《中华人民共和国民事诉讼法》第十五条

《中华人民共和国婚姻法》第三条、第四十三条、第四十五条、第四十六条

《中华人民共和国反家庭暴力法》第二条、第三条

《中华人民共和国妇女权益保障法》第四十六条

典型案例

2. 朱某春虐待案[1]

【基本案情】

1998年9月，被告人朱某春与被害人刘某（女，殁年31岁）结婚。2007年11月，二人协议离婚，但仍以夫妻名义共同生活。2006年至案发前，朱某春经常因感情问题及家庭琐事殴打刘某，致刘某多次受伤。2011年7月11日，朱某春又因女儿的教育问题及怀疑女儿非自己亲生等与刘某发生争执。朱某春持皮带抽打刘某，致使刘某持刀自杀。朱某春随即将刘某送医院抢救。经鉴定，刘某体表多处挫伤，因被锐器刺中左胸部致心脏破裂大失血，经抢救无效死亡。当日，朱某春投案自首。

【裁判结果】

法院经审理认为，朱某春经常性、持续性地采用殴打等手段损害家庭成员身心健康，致使被害人刘某不堪忍受身体上和精神上的摧残而自杀身亡，其行为已构成

---

① 参见中华人民共和国最高人民法院网站，https：//www.court.gov.cn/zixun-xiangqing-13615.html，2023年2月24日访问。

虐待罪。朱某春自动投案，如实供述自己的罪行，构成自首，可以从轻处罚。依照《中华人民共和国刑法》有关规定，以虐待罪判处被告人朱某春有期徒刑五年。

宣判后，朱某春提出上诉。二审法院经依法审理，裁定：驳回上诉，维持原判。

【典型意义】

本案是一起虐待共同生活的前配偶致被害人自杀身亡的典型案例。司法实践中，家庭暴力犯罪不仅发生在家庭成员之间，在具有监护、扶养、寄养、同居等关系的人员之间也经常发生。为了更好地保护儿童、老人和妇女等弱势群体的权利，促进家庭和谐，维护社会稳定，《最高人民法院、最高人民检察院、公安部、司法部关于依法办理家庭暴力犯罪案件的意见》将具有监护、扶养、寄养、同居等关系的人员界定为家庭暴力犯罪的主体范围。本案被告人朱某春虽与被害人刘某离婚，二人仍以夫妻名义共同生活，朱某春经常性、持续性地实施虐待行为，致使刘某不堪忍受而自杀身亡，属于虐待“致使被害人死亡”的加重处罚情节，应依法予以重判。

3. 毛某某故意伤害案①

【基本案情】

被不起诉人毛某某与被害人王某某系夫妻，均系聋哑人。王某某酗酒，经常酒后打骂毛某某。

2019年6月25日中午，王某某得知毛某某将自己被打的事情告诉了朋友，说晚上回家要砍断毛某某的脚。于是，毛某某买了一把刀，藏在卧室衣柜内。当晚，王某某回家后在客厅一边喝酒一边打毛某某，并将菜刀放到饭桌上。后因孩子哭闹，毛某某回卧室哄孩子。王某某酒后进入房间，继续打毛某某，说要用菜刀砍断毛某某的脚，并走出房间拿菜刀。毛某某从衣柜拿出刀向王某某身上乱砍，分别砍在王某某头顶、手臂、腹部等处。王某某夺下刀后，受伤倒地。毛某某到王某某的二姐王某娟家求助，王某娟的丈夫报警。经鉴定，王某某损伤程度为重伤二级，毛某某为轻微伤。

公安局于2019年6月26日立案侦查，8月6日移送检察机关审查起诉。

---

① 参见中华人民共和国最高人民检察院网站，https：//www. spp. gov. cn/spp/xwfbh/wsfbt/202105/t20210507_ 517255. shtml#2，2023年2月24日访问。

2019年12月2日，检察院依据《中华人民共和国刑事诉讼法》第一百七十七条第二款的规定对毛某某作出不起诉决定。

【检察履职情况】

（一）全面了解案件情况

检察机关派员多次走访，了解到王某某一家6口生活困难，王某某的父母年迈患病无劳动能力；王某某案发前在当地务工，被砍伤后没有收入；毛某某在家照顾两个孩子，低保补助是家庭主要经济来源。村民反映，王某某经常酒后对毛某某实施家暴，还多次殴打亲友、邻居，认为毛某某的行为是反抗家暴，希望对其从轻处理。

（二）准确定性，依法妥善处理

检察机关认为，毛某某面对现实、紧迫的人身危险取刀反击，属于正当防卫，虽事先准备刀具，但不影响防卫性质。王某某徒手殴打，实施的是一般暴力行为，虽声称要拿菜刀砍毛某某，但在尚未使用可能危及生命或可能造成重伤的工具或高强度手段时，毛某某用刀砍王某某，其防卫手段及损害后果与不法侵害明显失衡，属于防卫过当。鉴于本案系家庭矛盾引发，毛某某有自首情节，依法决定对毛某某不起诉。

（三）开展司法救助和跟踪回访

针对王某某一家经济困难情况，检察机关为其申请司法救助，并与村委会沟通，由村委会监督司法救助款的使用，以管束王某某不再实施家暴。作出不起诉决定后，检察机关对二人进行动态跟踪教育，经回访，王某某未再对毛某某实施家暴。

【典型意义】

（一）正确认定因家庭暴力引发的故意伤害犯罪与正当防卫

《最高人民法院、最高人民检察院、公安部、司法部关于依法办理家庭暴力犯罪案件的意见》规定，为使本人或者他人的人身权利免受不法侵害，对正在进行的家庭暴力采取制止行为，符合《中华人民共和国刑法》第二十条第一款规定的，应当认定为正当防卫。防卫行为明显超过必要限度，造成施暴人重伤、死亡的，属于防卫过当，应当负刑事责任，但应当减轻或者免除处罚。是否“明显超过必要限度”，应当以足以制止并使防卫人免受家庭暴力不法侵害的需要为标准，根据施暴人正在实施家庭暴力的严重程度、手段的残忍程度，防卫人所处的环境、面临的危险程度、采取的制止暴力手段、造成施暴人重大损害的程度，以及既往家庭暴力的严重程度等综合判断。

（二）妥善把握家庭暴力引发刑事案件的特殊性

家暴引发的刑事案件不同于其他案件，有家庭因素牵涉其中，要兼顾维护家庭稳定、修复被损坏的家庭关系、尊重被害人意愿。对犯罪嫌疑人具有防卫性质、自首等法定情节，获得被害人谅解的，可以依法从宽处理。

（三）依法履行司法救助职能

对符合司法救助条件的，检察机关要积极开展司法救助，彰显司法人文关怀，帮助被救助人解决面临的生活困难、安抚心灵创伤，避免“因案致贫”“因案返贫”，促进家庭、社会和谐稳定。

4. 郑某丽诉倪某斌离婚纠纷案①

【基本案情】

原告郑某丽与被告倪某斌于 2009 年 2 月 11 日登记

① 参见《中华人民共和国最高人民法院公报》2015 年第 2 期。

结婚，2010 年 5 月 7 日生育儿子倪某某。在原、被告共同生活期间，被告经常击打一个用白布包裹的篮球，上面写着“我要打死、打死郑某丽”的字句。2011 年 2 月 23 日，原、被告因家庭琐事发生争执，后被告将原告殴打致轻微伤。2011 年 3 月 14 日，原告向法院提起离婚诉讼，请求法院依法判令准予原、被告离婚；婚生男孩倪某某由原告抚养，抚养费由原告自行承担；原、被告夫妻共同财产依法分割；被告赔偿原告精神损失费人民币 30000 元。

【裁判结果】

法院经审理认为，原告郑某丽与被告倪某斌婚前缺乏了解，草率结婚。婚后被告将一个裹着白布的篮球挂在家中的阳台上，且在白布上写着对原告具有攻击性和威胁性的字句，还经常击打篮球，从视觉上折磨原告，使原告产生恐惧感，该行为构成精神暴力。在夫妻发生矛盾时，被告对原告实施身体暴力致其轻微伤，最终导致了原、被告夫妻感情的完全破裂。因被告存在家庭暴力行为不宜直接抚养子女，且婚生男孩倪某某未满两周岁随母亲生活更有利于其身心健康。被告对原告实施家庭暴力使原告遭受精神损害，被告应承担过错责任，故被告应酌情赔偿原告精神损害抚慰金。据此，依法判决：准予原告郑某丽与被告倪某斌离婚；婚生男孩倪某某由原告郑某丽抚养，抚养费由原告承担；被告倪某斌赔偿原告郑某丽精神损害抚慰金人民币5000元。该判决已生效。

5. 李某娥诉罗某超离婚纠纷案[①]

【基本案情】

原告李某娥、被告罗某超于1994年1月17日登记结婚，1994年8月7日生育女儿罗某蔚，2002年6月27日生育儿子罗某海。双方婚后感情尚可，自2003年开始因罗某超经常酗酒引起矛盾。2011年起，罗某超酗酒严重，经常酒后施暴。女儿罗某蔚在日记中记录了罗某超多次酒后打骂李某娥母子三人的经过。2012年1月5日，李某娥第一次起诉离婚。因罗某超提出双方登记离婚，李某娥申请撤诉。但之后罗某超反悔，酗酒和施暴更加频繁。2012年7月30日，罗某超酒后扬言要杀死全家。

① 参见《中华人民共和国最高人民法院公报》2015年第2期。

李某娥母子反锁房门在卧室躲避，罗某超踢烂房门后殴打李某娥，子女在劝阻中也被殴打，李某娥当晚两次报警。2012 年 8 月底，为躲避殴打，李某娥带子女在外租房居住，与罗某超分居。2012 年 9 月 21 日，李某娥再次起诉离婚并请求由自己抚养一双子女。罗某超答辩称双方感情好，不承认自己酗酒及实施家庭暴力，不同意离婚，也不同意由李某娥抚养子女。

【裁判结果】

法院经审理认为，罗某超长期酗酒，多次酒后实施家庭暴力。子女罗某蔚、罗某海数次目睹父亲殴打母亲，也曾直接遭受殴打，这都给他们的身心造成严重伤害，同时也可能造成家庭暴力的代际传递。为避免罗某蔚、罗某海继续生活在暴力环境中，应由李某娥抚养两个子女，罗某超依法支付抚养费。遂判决：准许李某娥与罗某超离婚，子女罗某蔚、罗某海由李某娥抚养，罗某超每月支付抚养费共计 900 元。罗某超可于每月第一个星期日探视子女，探视前 12 小时内及探视期间不得饮酒，否则视为放弃该次探视权利，李某娥及子女可拒绝探视。一审宣判后双方均未提起上诉。

6. 肖某喜故意杀人、故意伤害案[①]

【基本案情】

被告人肖某喜和被害人肖某霞（殁年26岁）于1998年结婚并生育一女一子。2005年，肖某喜怀疑肖某霞与他人有染，二人感情出现矛盾。2009年4月，肖某霞提出离婚，肖某喜未同意。2010年5月22日，肖某喜将在外打工的肖某霞强行带回家中，并打伤肖某霞。肖某霞的父母得知情况后报警，将肖某霞接回娘家居住。

2010年5月25日下午，肖某喜与其表哥程某欲找肖某霞的父亲肖某谈谈。肖某拒绝与肖某喜见面。肖某喜遂购买了一把菜刀、一把水果刀以及黑色旅行包、手电筒等物品，欲杀死肖某霞。当日16时许，肖某喜不顾程某劝阻，独自乘车来到肖某霞父亲家中，躲在屋外猪圈旁。23时许，肖某喜进入肖某霞所住房间，持菜刀砍击肖某霞头部、脸部和手部数下，又用水果刀捅刺肖某霞前胸，致肖某霞开放性血气胸合并失血性、创伤性休克

---

① 参见《中华人民共和国最高人民法院公报》2015年第2期。

死亡。肖某喜扔弃水果刀后逃离。肖某及其妻子李某听到肖某霞的呼救声后，即追赶上肖某喜并与之发生搏斗，肖某喜用菜刀砍伤肖某，用随身携带的墙纸刀划伤李某。后肖某喜被接到报警赶来的公安民警抓获。

【裁判结果】

法院经审理认为，被告人肖某喜故意非法剥夺他人生命的行为已构成故意杀人罪，故意伤害他人身体的行为又构成故意伤害罪，应依法数罪并罚。肖某喜不能正确处理夫妻矛盾，因肖某霞提出离婚，即将肖某霞打伤，后又携带凶器至肖某霞家中将肖某霞杀死，将岳父、岳母刺伤，情节极其恶劣，后果极其严重，应依法惩处。据此，依法对被告人肖某喜以故意杀人罪判处死刑，剥夺政治权利终身；以故意伤害罪判处有期徒刑二年，决定执行死刑，剥夺政治权利终身。经最高人民法院复核核准，罪犯肖某喜已被执行死刑。

7. 李某、唐小某申请人身安全保护令、变更抚养权案[①]

【基本案情】

申请人李某（女）与被申请人唐某原系夫妻关系，2008年协议离婚，婚生子唐小某由唐某抚养。唐某自2012年以来多次对唐小某实施家暴，导致唐小某全身多处经常出现瘀伤、瘀血等被打痕迹，甚至一度萌生跳楼自寻短见的想法。李某得知后曾劝告唐某不能再打孩子，唐某不听，反而威胁李某，对唐小某的打骂更甚，且威胁唐小某不得将被打之事告诉外人，否则将遭受更加严厉的惩罚。李某向公安机关报案，经医院检查唐小某不但身上有伤，并且得了中度抑郁症和焦虑症。李某、唐小某共同向法院申请人身安全保护令，诉请法院依法禁止唐某继续施暴，同时李某还向法院提起了变更唐小某抚养权的诉讼。

---

① 参见中华人民共和国最高人民法院网站，https：//www.court.gov.cn/zixun-xiangqing-274801.html，2023年2月24日访问。

【裁判结果】

法院裁定：

一、禁止唐某对李某、唐小某实施谩骂、侮辱、威胁、殴打；

二、中止唐某对唐小某行使监护权和探视权。

【典型意义】

由于法治意识的薄弱，个别家庭对孩子的教育依旧停留在落后的粗放式教育方法上，很大程度上会对孩子心智的健康发育，造成伤害且留下难以抹去的阴影。本案中，在送达人身安全保护令时，家事法官还建议警方和社区网格员，不定期回访李某、唐小某母子生活状况，及时掌握母子生活第一手资料，确保母子日常生活不再受唐某干扰。通过法院对人身安全保护令的快速作出并及时送达，派出所和社区的通力协执，及时帮助申请人恢复安全的生活环境，彰显了法院、公安、社区等多元化联动合力防治家庭暴力的坚定决心。

8. 王某诉江某离婚案[①]

【基本案情】

王某与江某系经人介绍相识并登记结婚，婚后无子女。由于双方相识时间短，相互了解较少，结婚较为仓促，感情基础薄弱。婚后由于江某酗酒，对原告有家庭暴力，经常因为生活琐事对原告拳脚相加。2009年，江某无缘无故将原告毒打一顿并致其离家出走。后王某提起离婚诉讼，要求判决：1. 解除双方的婚姻关系；2. 江某给付精神损失费5万元；3. 依法分割共同财产。该案诉讼费由江某承担。王某提供江某书写的协议书及相关证人证明在婚姻存续期间江某对其施加家庭暴力。

【裁判结果】

法院认为：男女一方要求离婚的，可向法院提起诉讼，如感情确已破裂，应当准予离婚。该案中，双方均同意离婚，表明双方感情已彻底破裂，故对王某要求离

---

① 参见中华人民共和国最高人民法院网站，https：//www. court. gov. cn/zixun-xiangqing-16211. html，2023年2月24日访问。

婚的诉讼请求，法院予以准许。王某要求江某支付精神损害赔偿金的诉讼请求，因江某在婚姻存续期间，确实存在家庭暴力情形，法院予以支持，具体数额由法院依法予以酌定。为此，法院判决：王某与江某离婚（财产分割略），并由江某支付王某精神损害赔偿金。

【典型意义】

夫妻应当互敬互爱，和睦相处，但遗憾的是，夫妻之间实施暴力给其中一方造成人身伤害和精神痛苦的现象仍然存在，家庭暴力问题作为离婚案件的重要诱因，仍然在很大程度上影响着家庭的稳定与和谐。家庭暴力是指行为人以殴打、捆绑、残害、强行限制人身自由或者其他手段，给其家庭成员的身体、精神等方面造成一定伤害后果的行为。持续性、经常性的家庭暴力，构成虐待。《中华人民共和国婚姻法》明确禁止家庭暴力，规定配偶一方对另一方实施家庭暴力，经调解无效的应准予离婚，因实施家庭暴力导致离婚的，无过错方在离婚时有权请求损害赔偿。《中华人民共和国反家庭暴力法》也规定了一系列制度安排，以保护家庭中的弱势群体，对家庭暴力行为进行遏制。本案就是典型的因家庭暴力导致离婚的案件，人民法院依法支持无过错方的离婚请求和赔偿请求，对于家庭暴力这样违反法律和社会主义道德的行为，旗帜鲜明地给予否定性评价。

9. 李某诉孙某离婚后财产纠纷案①

【基本案情】

孙某和李某原本是夫妻，两人于2004年因感情不和协议离婚，双方在协议中约定：婚生子孙小某离婚后由女方抚养，孙某定期给付李某抚养费和教育费；现住公房及房屋内所有物品归女方所有；现金、存款上双方不存在共同财产，离婚时互不干涉，不需再分割；男方经营的公司、所有的汽车等财产，离婚后属男方。2014年，李某在作为孙小某的法定代理人依据“离婚协议”要求孙某付抚养费时，发现孙某现住房是其与李某婚姻关系存续期间购买，孙某在离婚时对该房屋进行了隐瞒。故李某以此为由起诉到法院要求判决涉案房屋全部归自己所有。

被告孙某辩称，李某的起诉期早已超过两年的诉讼

---

① 参见中华人民共和国最高人民法院网站，https://www.court.gov.cn/zixun-xiangqing-16211.html，2023年2月24日访问。

时效，而且当时双方因为感情不和，从 2001 年便已经开始分居。涉案的房屋是其在分居期间完全用个人的财产购买的，应属于个人财产。同时，离婚协议中的公房在离婚时已经取得完全产权，与公房相比，现住房在离婚时价值较小，而且购买此房也告诉过李某，故对于该房屋完全没有隐藏的动机和必要。况且，双方在离婚协议中明确约定“所有的汽车等财产，离婚后属男方”，自己的现住房理应属于个人财产，因此不同意李某的诉讼请求。

【裁判结果】

法院经过审理认为，涉案房屋系在双方婚姻关系存续期间购买，为夫妻共同财产，应当予以分割，判决：房屋归孙某所有，孙某给付李某房屋折价款 100 余万元。判决后，孙某、李某均不服，提起上诉。

二审法院经过审理认为，虽然双方在离婚协议中有“男方经营的公司，所有的汽车等财产，离婚后属男方”的约定，但在房产价值远大于汽车的常识背景下，以“等”字涵盖房屋，违背常理，故该房为双方婚姻关系存续期间购买，应属于双方共同财产。对于孙某所提的李某诉讼已过诉讼时效的上诉理由，因孙某未能提供证据证明李某在诉讼时效结束之前已经知道该套房屋的存在，故李某表示其作为孙小某的法定代理人在2014年起诉孙某给付抚养费的案件中才知道有该套房屋的解释较为合理。对于房屋的分割问题，原审法院参照李某提出的市场价格及周边地区房屋的市场价格酌情确定房屋的市场价格并无不妥，同时原审法院结合孙某隐匿财产存在过错、涉案房屋登记在孙某名下等因素，判决房屋归孙某所有，孙某给付李某折价款100余万元，并无不当。综上，二审法院最终驳回了两人的上诉，维持了原判。

【典型意义】

法院在审理涉及财产分割的离婚案件中，对双方共同财产予以公平分割，无疑能更好平息双方因离婚带来的不快，促进双方好合好散。在调处涉嫌隐瞒夫妻共同财产案件时明察秋毫，既是对失信一方的惩罚，亦是对另一方合法权益的维护，无疑也对社会的安定和谐有莫大的促进。

《中华人民共和国婚姻法》第四十七条第一款明确规定，离婚时，一方隐藏、转移、变卖、毁损夫妻共同财产，或伪造债务企图侵占另一方财产的，分割夫妻共同财产时，对隐藏、转移、变卖、毁损夫妻共同财产或伪造债务的一方，可以少分或不分。离婚后，另一方发现有上述行为的，可以向人民法院提起诉讼，请求再次分割夫妻共同财产。本案中，在案证据能够证明孙某的现住房是其在与李某婚姻存续期间用夫妻共同财产购买的，而且其主张购买该房屋已经告知李某缺乏证据支持，因此法院将涉案房屋认定为夫妻共同财产，并依法进行了分割。同时，对于隐瞒财产的分割比例问题，需要法院依据过错大小、具体案情等综合认定，故本案中李某以孙某隐瞒夫妻共同财产存在错误为由，要求涉案房屋全部归自己所有的诉讼请求亦未得到支持。

10. 张某诉程某身体权纠纷案[①]

【基本案情】

张某（女）和程某（男）于2005年登记结婚，2008年5月26日，程某因家庭琐事对张某实施家庭暴力，致张某身体多处受伤，经医院诊断为头面部闭合伤、鼻骨骨折、鼻根部骨质缺失、左眼部损伤、双侧膝关节

① 参见中华人民共和国最高人民法院网站，https://www.court.gov.cn/zixun-xiangqing-16211.html，2023年2月24日访问。

下损伤等综合症状。

为此，张某于 2008 年 8 月 5 日以程某犯故意伤害罪为由向法院提起刑事自诉，同时提出刑事附带民事诉讼请求，该院判决：

一、程某犯故意伤害罪，免予刑事处罚；

二、程某赔偿张某医疗费 2541.10 元、法医检查费 300 元、鉴定费 300 元、交通费 200 元、合计 3341.10 元。

2010 年 7 月 22 日，张某经司法鉴定所鉴定鼻骨骨折为十级伤残。程某于 2008 年 6 月 11 日提起离婚诉讼，法院判决双方离婚。2010 年 8 月 12 日，张某向法院提起民事诉讼，要求程某赔偿其医药费、护理费等费用共计 6 万余元。法院经审理认为，公民的生命健康权受法律保护。根据《最高人民法院关于适用〈中华人民共和国婚姻法〉若干问题的解释（一）》第三十条第二项的规定，“符合婚姻法第四十六条规定的无过错方作为被告的离婚诉讼案件，如果被告不同意离婚也不基于该条规定提起损害赔偿请求的，可以在离婚后一年内就此单独提起诉讼”。张某与程某虽然于 2011 年 8 月 11 日被判决离婚，但是程某于 2008 年 6 月 11 日提起离婚诉讼，而张某在 2008 年 8 月 5 日就程某对其实施家庭暴力一事已提起刑事自诉且获得了相应的民事赔偿，因而张某在与程某的离婚案件中作为无过错方的被告，已经提起了损害赔偿请求，故张某的行为便不再受上述法律的约束。根据《中华人民共和国民法通则》第一百三十六条的规定，身体受到伤害要求赔偿的诉讼时效为一年，且该诉讼时效期间应从知道或者应当知道权利被侵害时起计算。本案中张某于2008年8月5日提起刑事自诉这一行为就应当认定为其已经知道自己的合法权利遭到了侵害而时隔两年后对此事再行起诉，显然超过了诉讼时效，对张某的诉讼请求不予支持，判决驳回原告张某的诉讼请求。

【裁判结果】

张某不服一审判决，提起上诉，请求二审法院依法改判，支持其诉讼请求。二审法院经审理认为，依据《中华人民共和国民法通则》第一百三十六条“下列的诉讼时效期间为一年：（一）身体受到伤害要求赔偿的”、第一百三十七条“诉讼时效期间从知道或者应当知道权利被侵害时起计算”的规定，以及《最高人民法院关于贯彻执行〈中华人民共和国民法通则〉若干问题的意见（试行）》第一百六十八条“人身损害赔偿的诉讼时效期间，伤害明显的，从受伤害之日起算；伤害当时未曾发现，后经检查确诊并能证明是由侵害引起的，从伤势确诊之日起算”的规定，本案中程某对张某的人身损害发生于2008年5月26日，2010年7月29日张某经司法鉴定所鉴定鼻骨骨折构成十级伤残，即2010年7月29日张某的权利被侵害范围和损害数额得以确认，诉讼时效起算时间为2010年7月29日，故张某于2010年8月12日起诉请求程某承担人身损害赔偿责任没有超出诉讼时效。张某因程某的家庭暴力遭受人身损害，并经鉴定部门鉴定构成十级伤残，依照《最高人民法院关于审理人身损害赔偿案件适用法律若干问题的解释》相关规定，受害人遭受人身损害的，赔偿义务人应对受害人因人身损害产生的护理费、交通费、住院伙食补助费、必要的营养费、残疾赔偿金、被抚养人生活费、鉴定费、精神损害抚慰金等予以赔偿。综上，一审判决认定事实清楚，但适用法律错误，依法改判：

一、撤销一审判决；

二、程某赔偿张某各项费用48664.31元。

【典型意义】

本案是一起典型的家庭暴力案件，二审法院针对家庭暴力对象的特殊性、形式的多样性、行为的隐蔽性、结果的循环性等特点，认真审理了此案。被告人程某粗鲁强势，其母目中无人，辱骂法官的行为能够印证家暴是导致他们婚姻关系破裂的主要原因，一个完整的家庭解体了，但对张某身体及精神造成的危害却无法弥补。本案中张某冷静理智，没有采用“以暴制暴”的手段来反抗，而是拿起法律这个有力的武器来捍卫自己的合法权益，其法律意识之强深深打动了每一位法官。以往因家庭暴力导致离婚的案件通常仅止步于婚姻关系的终止，受害人在离婚后就人身损害提起民事诉讼的情况较少。本案中张某在婚姻关系存续期间对程某的家庭暴力行为提起过刑事附带民事诉讼，获得了部分赔偿。在离婚后，对家庭暴力造成的人身损害再一次提起了民事诉讼。该案件在当地群众中产生了深远的影响，研究探讨该案例对法律适用和预防家庭暴力行为有着重要意义：

第一，受害人对家庭暴力行为能够及时收集、保留、固定证据，使案件能够顺利立案并最终判决，家庭暴力的施暴者得到了有力的惩治。第二，该案例为家庭暴力的受害者在离婚后如何请求保护人身损害赔偿指明了道路，《最高人民法院关于适用〈中华人民共和国婚姻法〉若干问题的解释（一）》对家庭暴力行为进行了定义，对家庭暴力的范畴作出了明确表述，为法官审理此类案件提供了有力的法律依据。第三，纠正了不正确的认识。

刑事附带民事判决不能囊括全部受害人应得的人身损害赔偿，对于没有对受害人进行赔偿的部分，受害人有权另行提起民事诉讼。第四，许多起家庭暴力案件都造成了极其严重的后果，有些甚至造成了人身伤亡事件，立法者乃至整个社会应当从此案件中反思，如何通过立法、执法行为，在家庭暴力发生前就给施暴者以威慑，从根源上遏制家庭暴力。

11. 黄某某与张某某婚内扶养纠纷案①

【基本案情】

黄某某与张某某于1987年12月31日登记结婚，婚后生育一子（已成人）。黄某某、张某某婚后共同购置了住房两套、门市一个，其中一套住房用于一家人自住，另一套住房及门市出租。2009年4月，黄某某被诊断患有“脊髓空洞症、抑郁症”，至今未愈，每月需要较多的医药费，除住院可报销部分医疗费外，其余药费需黄某某自己负担。黄某某现为某公司职工，因长期病休，

① 参见中华人民共和国最高人民法院网站，https://www.court.gov.cn/zixun-xiangqing-16211.html，2023年2月24日访问。

每月领取工资 1188 元，住房及门市租金 24000 元/年均由黄某某收取。张某某系某银行下岗职工，每月领取下岗失业军转干部生活困难补助费 1476 元，患有“脂肪肝、前列腺囊肿”，有母亲需赡养。张某某下岗后常年在外务工当监理，收入较高。近年来，黄某某、张某某因性格不合及黄某某患病，双方时常发生矛盾，张某某多次起诉要求离婚，因黄某某坚决不同意离婚，张某某的离婚诉讼请求均被驳回，张某某便离家外出租房生活。2014 年 6 月 5 日，黄某某诉至法院称她身患多病，每月需万元以上药费，张某某不尽丈夫义务，致使她债台高筑，请求法院判决张某某尽扶养义务，按月承担医疗费、生活补助费、护理费 6000 元。张某某辩称，黄某某每月有固定收入，有租房租金，有医保报销医疗费，其家里的多年积蓄全在黄某某处，他也身患多病，又下岗，工资低，还要赡养 90 多岁的母亲，不同意支付黄某某扶养费。

【裁判结果】

法院经审理认为，夫妻有互相扶养的义务。黄某某与张某某系合法夫妻，本应相互关心，彼此扶助。现黄某某身患严重疾病，需要人照顾，而张某某离家出走，使黄某某陷入生活困难，并且现在黄某某病休期间工资收入微薄，虽尚有房屋租金收入，但治病除医保报销之外，自己需负担一部分医药费，其费用相对黄某某的收入，难以承担。故黄某某生活很困难，而张某某除了固定每月领取军转干部生活困难补助费1476元外，一直在外务工，因此，张某某应当付给黄某某扶养费以尽扶养义务。根据双方的情况，考虑到黄某某另外有儿子应当依法尽赡养义务等因素，酌定张某某支付黄某某1000元/月扶养费较适宜。遂判决：张某某每月付给黄某某医疗、生活补助、护理等扶养费1000元。

黄某某、张某某均不服一审判决，提起上诉。黄某某上诉称，一审判决张某某给付的扶养费过低，要求二审改判张某某给付扶养费6000元/月。张某某上诉称，一审判决他每月支付黄某某1000元扶养费错误，要求二审改判他不予支付。

二审法院认为，《中华人民共和国婚姻法》规定，夫妻有互相扶养的义务，一方不履行扶养义务时，需要扶养的一方，有要求对方付给扶养费的权利。黄某某与张某某系夫妻，本应相互关心，彼此扶助，而张某某在黄某某身患严重疾病、特别需要丈夫照顾时，却不履行丈夫义务、离家出走。现黄某某虽有工资收入、房屋租金收入，但因其每天需服多种药，每月需负担不少的医药费，致使黄某某生活陷入困难，作为丈夫的张某某依法应对黄某某尽扶养义务。虽然张某某也患病，但张某某未提供证据证明其所患之病需大量的医药费，加之张某某除了每月固定领取军转干部生活困难补助费 1476 元外，一直在外务工，有一定的收入。黄某某也未提供充分证据证明张某某有每月支付 6000 元的经济能力。一审根据双方的实际情况，结合黄某某还有儿子应当依法尽赡养义务及张某某有一定的经济能力等因素，酌定张某某每月支付黄某某 1000 元扶养费是恰当的。遂判决驳回双方的上诉，维持原判。

【典型意义】

因夫妻一方患病导致夫妻感情淡化，因意外事故导致婚姻难以维系时，一方离家不离婚以及一方坚决离婚、不尽扶养义务，另一方坚决不离婚的情况时有发生，婚内扶养案件在婚姻家庭纠纷案件中越来越多。《中华人民共和国婚姻法》第二十条规定，夫妻有互相扶养的义务。一方不履行扶养义务时，需要扶养的一方，有要求对方付给扶养费的权利。婚内扶养义务不仅是一个道德问题，更是夫妻之间的法定义务，有扶养能力的一方必须自觉履行这一义务，特别是在对方患病，或是丧失劳动能力的情况下更应该做到这一点。如果一方不履行这一法定义务，另一方可通过法律途径实现自己的合法权益。扶养责任的承担，既是婚姻关系得以维持和存续的前提，也是夫妻共同生活的保障。本案中，黄某某、张某某系合法夫妻，现黄某某身患疾病，需大量医疗费，而张某某撒手不管，多次提出离婚，一、二审鉴于黄某某确实需要扶养，张某某又有一定的经济能力，酌定张某某婚内每月给付黄某某1000元扶养费，充分保护了需要扶养一方的权利，也对那些不尽夫妻扶养义务的具有一定的警示作用。

12. 吕某芳诉许某坤离婚案[①]

【基本案情】

原告吕某芳与被告许某坤于2003年经原告姑妈介绍认识后自由恋爱，2004年6月24日经登记结婚。婚后双方于2006年到某省生活并于2009年经营一家餐馆。双

① 参见中华人民共和国最高人民法院网站，https：//www.court.gov.cn/zixun-xiangqing-16211.html，2023年2月24日访问。

方于2004年10月26日生育长子，现读四年级；于2009年3月6日生育次子，现读学前班，现二子均随原告父母生活。婚后共同生活期间，因被告许某坤怀疑原告吕某芳与他人存在不正当男女关系双方产生矛盾，2015年3月22日原被告发生吵打。2015年6月25日，原告吕某芳向法院起诉，要求与被告离婚，原、被告所生长子、次子由原告抚养，被告按月支付抚养费4000元直至孩子成年为止。双方有共同财产存款50多万元、经营餐馆价值55000元，由双方平均分割。另查明，2015年2月4日至3月9日，被告许某坤从某银行分理处销户定期一本通子账户七笔，支取金额合计553932.14元；双方婚后经营的餐馆已变卖均分。庭审中，原告吕某芳坚持要求离婚，次子由原告负责抚养，长子由被告负责抚养，双方互不支付抚养费。双方有共同财产存款平均分割，由被告给付原告27万元，并由被告承担本案诉讼费。被告许某坤同意离婚，但两个孩子要由被告抚养，不需原告支付抚养费，被告一次性补偿原告2万元。因双方就子女抚养问题、共同存款金额及分割意见分歧过大，调解未能达成协议。

【裁判结果】

法院认为，原告吕某芳与被告许某坤婚后共同生活期间，因家庭琐事发生争吵，致使双方相处不睦；原告吕某芳起诉要求与被告许某坤离婚，被告许某坤亦同意离婚，应准予离婚。原被告双方对婚生子的抚养问题意见分歧，因许某仁现已年满 10 岁，经法院征求其意见，其表示愿意跟随原告生活，故双方婚生长子由原告负责抚养，次子由被告负责抚养为宜。关于双方的共同财产问题，根据某银行分理处出具的被告许某坤账号明细详单，能够证实被告许某坤自 2015 年 2 月 4 日至 3 月 9 日共销户定期一本通子账户七笔，金额合计 553932. 14 元。被告许某坤辩称银行的查询结果有误，系被告重复存取后的金额，但银行的查询记录只有被告的支取记录，没有存现记录，被告许某坤的辩解不能成立；另被告许某坤主张双方只有共同存款 27 万余元，但已被取出用于双方的家庭开支、日常花费及被告购买彩票，被告未提交证据证实其所支取款项用于正常合理开支，被告的辩解不能成立。故被告许某坤从某银行分理处所支取的 553932. 14 元，系原被告婚姻存续期内取得的合法收入，是原被告双方的夫妻共同财产应予以平均分割，即每人应得 276966.07 元，原告吕某芳只主张由被告许某坤给付其人民币 27 万元，依法予以准许。被告许某坤主张原告吕某芳的二哥尚欠双方 4000 元，但未提交证据加以证实，本案中对该笔债权不予认定。被告许某坤主张双方有价值 2 万余元的火腿存放于原告吕某芳的父母家中，因被告许某坤没有提交证据加以证实，本案中不予认定。依照《中华人民共和国婚姻法》第三十二条、第三十六条、第三十九条之规定，判决：

一、准予原告吕某芳与被告许某坤离婚；

二、双方婚生长子由原告吕某芳负责抚养，次子由被告许某坤负责抚养；

三、由被告许某坤自本判决生效之日起五日内给付原告吕某芳人民币 270000 元。

一审宣判后双方均未上诉。

【典型意义】

离婚诉讼中，很多当事人担心对方开始隐匿家庭共同财产，其实这个担心并不是多余的，几乎 60%以上的案件都会涉及一方涉嫌隐匿财产的情况。因此，防止对方隐匿财产，应当提前准备。比如，在起诉前，就将家庭共同财产的发票收集好，或请朋友做见证证言，兼采用影像取证技术。另外，对于银行存款、股票基金等，可以在起诉同时申请法院调查或律师出具调查令调查，一旦查出财产下落，可以视情况采取财产保全措施等。本案中，原告申请法院调查收集证据，法院向某银行分理处调取被告许某坤在该行的开户及账号交易明细情况，查明被告许某坤从 2 月 4 日至 3 月 9 日共销户定期一本通子账户七笔，合计 553932.14 元。故法院作出前述判决。

13. 家暴起诉离婚法院缺席判决案①

【基本案情】

李某（男）与胡某某（女）闪婚后，经常酒后殴打胡某某，每次都以威胁加道歉的方式取得胡某某谅解，但打骂行为却不断升级，甚至出轨其他异性。胡某某在家人的支持下，向人民法院提起诉讼，申请人身安全保护令，并要求离婚。李某得知后向胡某某发送了近百条恐吓微信，胡某某万般无奈下向妇联寻求帮助。

① 参见微信公众号“全国妇联女性之声”，https：//mp. weixin. qq. com/s/eo0hKApa7mbaAYx77N5pXg，2023 年 2 月 24 日访问。

妇联指派的热线律师发现，胡某某因李某尾随处于极度恐惧的现实状态，律师立即协助胡某某向法院提交人身安全保护令申请，以及威胁短信、微信及尾随照片等证据。法院审查后下发人身保护令，律师积极申请承办法官联合派出所向李某当面送达人身保护令，法官明确告知其违反人身安全保护令的后果，使李某彻底停止骚扰行为，胡某某得到保护和心理抚慰。

在之后的离婚诉讼中，李某拒不到庭参加庭审，案件审判陷入僵局，胡某某的诉求极有可能被驳回。为能让法官更全面了解案情，律师指导胡某某将自己的遭遇写成三千字的情况陈述提交法院，同时收集了多地被告缺席判决离婚的多个判例提交法院，出具了详细的代理意见。最终，法院认为胡某某与李某二人婚前缺乏了解，草率结婚，婚后亦未建立起夫妻感情，双方性格不合，难以共同生活。本案中，被告李某经合法传唤不到庭应诉、陈述、举证与质证，是对其享有的诉讼权利的放弃。依照《中华人民共和国婚姻法》第三十二条、《最高人民法院关于审理离婚案件如何认定夫妻感情确已破裂的若干具体意见》第二条、《中华人民共和国民事诉讼法》第一百四十四条之规定判决：准予原告胡某某与李某离婚。

【典型意义】

本案是法院在夫妻一方首次起诉离婚且被告缺席的情况下，作出准予离婚的判例。在司法实践中，一方缺席庭审，一般情况下无法判决离婚。本案代理律师充分运用有限的证据，通过案例检索结果推动“缺席判决”，指导胡某某提交翔实的感情经历陈述，有力说明婚前缺乏了解、婚后经常性家庭暴力已导致夫妻感情完全破裂的事实，获得法院的支持。法院坚持以事实为依据，以法律为准绳，判决双方离婚，让司法审判不被不遵守规则的人所左右，使李某因拒不到庭恶意对抗的行为，承担不利的后果，既维护了法律的公平与正义，又彰显了司法为民的温度。对当事人胡某某而言，这也是人生噩梦的终结，新生活的开始。

第八章　救济措施

典型案例

1. 检察院督促保护妇女劳动权益行政公益诉讼案[①]

【关键词】

行政公益诉讼诉前程序　妇女劳动权益　预防性骚扰　公开听证　综合治理

【要旨】

针对用人单位未充分保障孕期、哺乳期妇女休息权益等问题，检察机关通过提出检察建议督促行政机关依法履职，并建立协作配合机制，推动构建妇女劳动权益保障齐抓共管格局。

① 参见中华人民共和国最高人民检察院网站，https：//www. spp. gov. cn/xwfbh/dxal/202211/t20221125_ 593721. shtml，2023 年 2 月 24 日访问。

【基本案情】

某区多家超市、商场等女职工较多的单位存在保障女职工劳动权益不到位的问题，如未保障哺乳假，对怀孕、哺乳期女职工安排加班、夜班；未组织定期体检，未将体检时间计入劳动时间，未承担全部体检费用；未制定或落实预防、制止女职工在劳动场所遭受性骚扰的制度，损害了广大妇女劳动权益。

【调查和督促履职】

2022年6月至7月，检察院围绕损害妇女劳动权益问题，以“线上+线下”问卷调查、实地走访等方式开展社会调查，并于7月5日以行政公益诉讼立案。7月7日，检察院组织召开公开听证会，区人社局、区妇联参加，并邀请政协委员作为听证员，围绕相关用人单位是否依法保障女职工劳动权益等问题进行论证，形成了行政机关应依法履行监管职责的听证意见。听证会结束后，检察院于同日向区人社局公开送达行政公益诉讼检察建议书，建议其加强对用人单位的监督管理，依法保障女职工合法劳动权益。

2022年8月底，区人社局回复称，已约谈了4家涉案超市、商场，就检察建议中涉及的问题下发整改通知，并提出三项具体要求：一是保障孕妇、哺乳期女职工合理休息时间，减轻工作量，禁止加班、夜班；二是落实体检规定；三是建立并公示防止职场性骚扰制度，确定专门人员处理此类纠纷。

2022 年 9 月，检察院跟进监督发现，各用人单位均已经按要求整改到位，已安排哺乳期女职工休哺乳假，共组织 110 名女职工体检，组织全体女职工学习劳动权益保障法规政策，公示了防止女性职场性骚扰制度，某超市还将性骚扰列入奖惩制度当中，对性骚扰行为制定严格的惩处规定。同时，检察院针对调查阶段发现的女职工劳动权益保障意识淡漠等问题，制作了妇女权益保护普法宣传视频，联合区人社局、区妇联开展普法宣传，辖区主要商场、超市均完善了妇女劳动权益保障工作。

办案过程中，检察院坚持以个案办理推动综合治理，与区妇联联合印发了《建立妇女权益保障协作配合机制意见》，在线索移送、司法救助等多方面达成合作意见；联合设立“区妇女儿童维权服务工作站”，选聘 60 名街办和社区工作者作为联络员，建立起“区—街道—社区”三级全覆盖的妇女权益保障网格化管理机制。该机制建立以来，已接待来信来访妇女 120 余人，救助符合条件的妇女 28 人，发放救助金 15 万余元。

【典型意义】

劳动权益是一项重要的妇女权益，用人单位应依法保障妇女在工作和劳动时的安全和健康。本案中，检察机关以社会调查为基础，以公开听证为切入点，通过办案促进溯源治理，以“我管”促“都管”，推动形成检察监督、行政执法、妇联组织、用人单位等四方联合保障妇女劳动权益的合力，着力解决身边被漠视的妇女劳动权益保障问题。

2. 检察院督促保护妇女劳动和社会保障权益行政公益诉讼案[①]

【关键词】

行政公益诉讼诉前程序　妇女劳动和社会保障权益“益心为公”志愿者　溯源治理

① 参见中华人民共和国最高人民检察院网站，https：//www.spp.gov.cn/xwfbh/dxal/202211/t20221125_ 593721.shtml，2023 年 2 月 24 日访问。

【要旨】

针对企业未依法保障妇女劳动和社会保障权益的行为，检察机关强化与妇联协作配合，充分发挥“益心为公”志愿者作用，通过制发诉前检察建议、设立妇女权益维权站、开展司法救助、建立长效机制等方式，切实维护妇女合法权益。

【基本案情】

县域内四家大型超市聘用女职工比例高达93%，存在未依法为女职工缴纳社会保险、未按规定对法定节假日工作的女职工给付3倍工资、未在妇女节给女职工放假半天、违规安排哺乳期女职工值夜班等行为，侵害了妇女劳动和社会保障权益。

【调查与督促履职】

2022年初，检察院与县妇联联合开展“妇女合法权益保护”专项监督活动，发现该案线索，并于2022年4月28日立案。办案过程中，检察机关主动向妇联具有专业背景的“益心为公”志愿者进行咨询，通过现场走访、调取相关证据材料及询问相关人员等方式开展调查取证，查明县域内四家大型超市违反女职工劳动保护相关法律法规，负有监督管理职责的县人社局未依法履职，导致女职工劳动和社会保障权益受到侵害。遂向县人社局发出行政公益诉讼检察建议，建议县人社局全面履行监管职责，针对发现的问题依法进行整治，并对辖区内女性劳动者集中的用工单位进行全面排查，维护女职工的劳动权益。

县人社局收到检察建议后立即开展调查核实，督促涉案的四家超市依法缴纳女职工社会保险共计 15.6 万元；对节假日加班女职工补发工资共计 7300 元，并发放价值 4600 元的慰问品；禁止超市违规安排孕妇、哺乳期女职工加班、值夜班。通过排查，建立企业诚信档案，对侵犯妇女权益的企业纳入黑名单，强化对妇女用工企业的监督管理。

2022 年 5 月 24 日，检察院联合县妇联、县人社局对全县 30 余家重点妇女用工企业开展法治宣传。6 月 8 日，县人社局组织涉案的四家超市召开集体约谈会，并邀请检察院现场开展法律培训，促进企业依法用工。办案过程中，为进一步推进妇女权益保护，检察院与县妇联会签《关注困难妇女群众，加强专项司法救助》机制，就搭建救助平台、关爱困难妇女群体等工作达成共识，结合正在开展的“关注困难妇女群体，加强专项司法救助”活动，为涉案超市病困女职工李某某申请司法救助金 1 万元；与县人社局共同建立妇女维权工作站，设置并公告妇女维权电话，开设妇女权益保护“绿色通道”。维权站成立至今，已收到侵害妇女权益线索 30 余件，涉及妇女 51 人，欠薪总额 55.9 万元，目前已解决 14 件，涉及妇女 21 人，涉及金额共计 34.2 万元。

2022 年 8 月 11 日，检察院邀请县妇联“益心为公”志愿者、县人大代表、政协委员、人民监督员共同到涉案四家超市持续跟进“回头看”，并对案件办理成效进行公开听证。听证员一致认为，行政机关已经依法全面履职，妇女劳动和社会保障权益得到有效保护，建议对该案依法终结。检察机关经审查，于 2022 年 8 月 12 日对该案依法终结。

【典型意义】

妇女依法享有劳动和社会保障权利，是妇女实现其政治、经济、文化、社会和家庭生活等各方面权益的基础。本案中，检察机关针对用人单位未依法保障妇女劳动和社会保障权利的行为，充分发挥公益诉讼职能作用，加强与妇联的协作配合，通过诉前检察建议督促行政机关依法履职、切实整改，并联合建立妇女权益保护“绿色通道”，以个案推动完善长效机制，促进溯源治理。

3. 检察院督促整治妇女就业歧视行政公益诉讼案[①]

【关键词】

行政公益诉讼诉前程序　妇女平等就业权益　性别歧视　网络招聘服务平台　系统治理

【要旨】

针对网络招聘服务平台违规发布歧视女性招聘信息的问题，检察机关以反就业歧视为切入点，通过诉前检察建议督促行政机关对相关用人单位进行监管，对网络招聘服务平台审核机制督促整改，推动溯源治理，切实维护妇女平等就业的合法权益。

【基本案情】

某区部分用人单位在网络招聘服务平台上发布含有“男士优先”“限男性”等性别歧视性内容的网络招聘信

① 参见中华人民共和国最高人民检察院网站，https：//www. spp. gov. cn/xwfbh/dxal/202211/t20221125_ 593721. shtml，2023 年 2 月 24 日访问。

息，某区某人力资源服务机构以提供网络招聘服务平台为服务方式，在为劳动者求职和用人单位招用人员提供服务的过程中，对用人单位提供的含有性别歧视性内容的网络招聘信息进行平台发布，未尽到审核义务。用人单位和人力资源服务机构的上述行为，侵犯了妇女平等就业的合法权益，损害了社会公共利益。

【调查和督促履职】

检察院开展“保障妇女权益，促进平等就业”专项活动，依托构建的网络招聘服务平台就业歧视公益诉讼线索发现模型，对某市各大网络招聘服务平台开展大数据筛查，发现某区 4 家用人单位在发布招聘平面设计学徒、现场代表、客服经理等工作岗位时，岗位要求中存在“男士优先”“限男性”等性别歧视性内容，于 2022 年 4 月 6 日以行政公益诉讼立案。进一步调查发现，在某区某人力资源服务机构运营的大型网络招聘服务平台上，有 13 家外省市用人单位存在发布性别歧视网络招聘信息的违法行为。检察院经审查认为，根据《中华人民共和国妇女权益保障法》《中华人民共和国就业促进法》《人力资源市场暂行条例》《网络招聘服务管理规定》等法律法规规定，区人社局负有监管职责。2022 年 4 月 20

日，检察院与区人社局召开座谈会并发出检察建议书，督促行政机关对存在违法行为的用人单位及未尽审核义务的网络招聘服务平台依法查处，健全网络招聘服务监管机制，加大对辖区内人力资源服务机构开展网络招聘服务的监管力度。

检察建议发出后，行政机关积极开展整改工作：一是对 4 家用人单位逐一核查，督促用人单位对发布的网络招聘信息进行修改，删除性别歧视性岗位要求；二是督促涉案的某人力资源服务机构对其发布在网络招聘服务平台上的网络招聘信息自行全面筛查，及时发现并纠正违法信息，并对该人力资源服务机构分阶段开展三轮检查，确保该机构在平台发布的 169 家企业的网络招聘信息合法，全面整改到位；三是在辖区内开展人力资源服务行业规范经营自查行动和“以案释法”法规宣讲活动，切实保障辖区内人力资源服务机构规范化、专业化经营；四是通过督促机构自查自改和“双随机”检查相结合的方式，实现对辖区内人力资源服务机构的常态化监管。

收到行政机关书面回复后，检察院积极开展跟进监督，通过网上核实行政机关履职情况，确认相关违法情形已经消除，社会公益已得到有效维护。2022 年 7 月，检察院与区人社局召开座谈会，就检察建议整改、后续监管等情况深入交流，进一步凝聚共识，共同促进妇女就业、维护社会公益。

【典型意义】

反对就业歧视，保障妇女平等就业和自主择业的权利，是尊重和保障妇女权益的必然要求。随着网络招聘模式的逐渐普及，妇女就业歧视的违法行为更趋隐蔽，给行政机关监管、妇女就业维权带来一定困难。本案中，检察机关从网络招聘服务平台的监管盲区入手，依托大数据筛查，通过制发检察建议，激发行政机关监督执法主动性，规范网络招聘服务平台审核管理职责，有效避免歧视性招聘信息的发布，拓宽妇女就业渠道，注重溯源治理，推动形成妇女权益保护合力，起到了双赢多赢共赢的办案效果。

4. 检察院诉王某红侵犯孕产妇生育信息刑事附带民事公益诉讼案[①]

【关键词】

刑事附带民事公益诉讼　行政公益诉讼诉前程序　孕产妇生育信息　妇女人格权益　公益损害赔偿金

【要旨】

针对孕产妇生育信息被泄露、滥用的行为，检察机关充分发挥刑事、公益诉讼检察职能作用，依法追究当事人的公益损害赔偿责任，并建立公益损害赔偿款财政专用账户托管机制，全方位保护公民个人健康生理信息。

【基本案情】

2016年至2020年，被告王某红利用自己在某镇中心卫生院的工作便利，为获取非法利益向他人提供孕产妇、新生儿等生育信息计25124条。上述信息被转售给当地

① 参见中华人民共和国最高人民检察院网站，https：//www.spp.gov.cn/xwfbh/dxal/202211/t20221125_593721.shtml，2023年2月24日访问。

母婴店和儿童摄影馆，用于定向推销母婴产品、新生儿照相等产品或服务。王某红从中非法获利人民币33200元。

【调查和督促履职】

检察院在履职中发现本案线索，于2021年3月26日立案，并围绕被泄露信息是否属于健康生理信息、公共利益是否受到损害等问题进行重点调查。此案发生时，《中华人民共和国个人信息保护法》尚未出台，检察机关就管辖权、赔偿数额、公益赔偿金使用等问题加强研究，与相关部门形成“刑事处罚+民事赔偿”同步处理的共识。同年4月15日，检察院召开公开听证会，邀请人大代表、政协委员、人民监督员、妇女代表等作为听证员，就如何保护妇女儿童个人信息、提起公益诉讼的必要性等开展广泛讨论。听证员一致认为，检察机关应主动履职，提起公益诉讼，最大限度保护妇女儿童的合法权益。

2021年4月22日，检察院向法院提起刑事附带民事公益诉讼，在依法追究王某红刑事责任的同时，请求判令王某红承担民事赔偿金33200元，并在地市级以上新闻媒体向公众公开赔礼道歉。

2021年11月2日，法院以王某红犯侵犯公民个人信息罪，判处其有期徒刑三年，并处罚金人民币35000元；判决王某红支付损害赔偿金人民币33200百元，并在本市市级以上媒体公开登报赔礼道歉。同时，检察院会同财政部门研究出台《关于加强公益赔偿资金使用管理办法（试行）》，建立公益损害赔偿款财政专用账户托管机制，专设财政代管账户，并就利用公益损害赔偿金开展保护妇女儿童公益活动达成一致意见。目前，损害赔偿金已执行到位并存入财政代管账户。

针对办案中发现的医疗机构存在泄露公民个人信息隐患问题，检察院向县卫健委制发行政公益诉讼检察建议，建议其采取有效措施消除现有的孕产妇信息泄露隐患，从制度建立、设备更新、人员管理等方面完善公民个人信息的保护机制。收到检察建议后，县卫健委立即召开全县医疗机构警示教育大会，签订信息安全保密责任状，建立孕产妇、新生儿信息专人保管、“双人双密”的保护制度。

【典型意义】

孕产妇生育信息属于个人健康生理信息，是《中华人民共和国民法典》保护的有重要价值的公民个人信息。

生育信息数据庞大，一旦泄露易引发针对妇女的电信诈骗、定向促销、人身骚扰等多种关联违法犯罪活动，给相关家庭人身和财产安全构成重大威胁。本案中，检察机关在通过刑事检察从严惩治侵害公民个人信息犯罪行为的同时，通过提起刑事附带民事公益诉讼、制发检察建议等方式推动相关行业领域整治，设立公益损害赔偿金专用账户，构建多部门协作配合机制，共同维护孕产妇生育信息安全。

5. 检察院督促整治低俗广告贬低损害妇女人格行政公益诉讼案[①]

【关键词】

行政公益诉讼诉前程序　低俗广告　妇女人格权益　公开听证

【要旨】

针对企业通过发布含物化矮化女性或贬低损害妇女

① 参见中华人民共和国最高人民检察院网站，https：//www.spp.gov.cn/xwfbh/dxal/202211/t20221125_ 593721.shtml，2023 年 2 月 24 日访问。

人格等低俗内容的广告进行恶意营销的行为，检察机关可以通过发出检察建议，督促行政机关依法查处企业广告违法行为，推动开展区域内行业整治，引导企业加强合规建设，维护妇女合法权益。

【基本案情】

2021年8月1日，某公司委托科技公司对女性个护保养系列产品提供运营、策划、推广、销售等服务。2022年4月30日，该科技公司在官方旗舰店推广销售“滋养洗液”产品时，在商品详情页面的广告宣传中使用大量低俗、恶俗、媚俗用语，贬损妇女人格尊严，造成了恶劣社会影响。

【调查和督促履职】

2022年5月19日，检察院在履职中发现上述线索，并移交某市检察院办理。同年5月23日，检察院依法以行政公益诉讼立案，并调取了涉案产品生产销售、广告制作发布等证据材料，查清了案件基本事实。为准确界定涉案广告性质，检察机关委托妇科专家出具意见，专家意见认为普通洗液产品无法达到该广告宣传的效果，会误导女性对自己的身体产生错误认知。检察院经审查认为，根据《中华人民共和国广告法》《中华人民共和国妇女权益保障法》《中华人民共和国消费者权益保护法》等法律法规规定，市市监局具有广告监督管理、妇女权益保障、消费者权益保护等职责。

2022 年 6 月 20 日，检察院主持召开公开听证会，邀请市市监局、妇联、相关公司以及人大代表、人民监督员等参加，主要围绕涉案广告的违法性、危害性以及制发检察建议的必要性进行了充分讨论，听证员一致认为该广告包含低俗、引人误解内容，损害了广大妇女权益，应当制发检察建议督促行政机关履职。听证会结束后，检察院向市市监局公开宣告送达检察建议书，建议其依法全面履行监管职责，对发布贬低、侮辱妇女人格等违背社会良好风尚违法广告的行为及时查处，并督促企业切实消除对广大妇女造成的不良社会影响；同时，对辖区内经营单位已发布广告进行全面排查并加强对本行政区内广告的日常监管。

市市监局收到检察建议后及时依法履职，对相关企业负责人进行约谈，责令涉及低俗广告的产品全网下架，并对 2 家涉案企业分别作出 80 万元、50 万元的行政处罚。同时，对辖区内经营单位涉及广告发布、产品审批报备等项目进行重点检查，先后出动执法人员 200 余人次，检查各类日化品、医疗器械、医疗产品等经营主体300余家，共立案查处4起违法广告，责令10余家企业进行整改；向全市生产企业、广告主、广告经营者和广告发布者发出《规范商业营销宣传的提醒告诫书》，引导企业树立正确价值取向，切实做到合法经营。

办案过程中，检察机关协同行政机关持续跟进涉案企业整改进展，积极引导企业承担社会责任，相关企业已主动发起和参与多项妇女权益保障公益性活动。目前，涉案企业已主动配合整改，依法下架相关产品，并通过解聘、降薪等方式追究了20余名涉案相关人员的责任。针对案件反映的企业监管漏洞，积极开展合规建设，完善规章制度建设。某公司专门增设企业合规经理岗，制定完善公司宣传管理规章制度，积极适应市场化、法治化发展需要。

【典型意义】

妇女人格权受法律保护。企业发布贬损女性人格的低俗产品广告误导大众，不仅违背公序良俗，也违反相关法律规定，损害了广大女性的人格尊严与合法权益。本案中，检察机关结合专家意见、公开听证结论，依法发出诉前检察建议，督促相关职能部门依法约谈企业并责令下架相关产品，开展低俗广告专项整治活动，促进行业自律，引导企业合规发展，规范广告发布等经营行为，积极参与社会公益事业，实现了三个效果的有机统一。

6. 检察院督促保护农村妇女土地承包经营权行政公益诉讼案①

【关键词】

行政公益诉讼诉前程序　妇女财产权益　土地承包经营权　综合治理

【要旨】

针对基层政府违法收回“外嫁女”土地、侵害农村妇女土地承包经营权的情形，检察机关通过公开听证、检察建议等方式，督促基层政府及相关业务主管部门履行主体责任，通过个案办理推动类案监督，切实解决辖区内类似侵犯妇女合法权益问题。

---

① 参见中华人民共和国最高人民检察院网站，https：//www. spp. gov. cn/xwfbh/dxal/202211/t20221125_ 593721. shtml，2023 年 2 月 24 日访问。

【基本案情】

甲镇某村村民周某兰、周某红分别于 1987 年 2 月、1989 年 1 月外嫁至乙镇，并将户口随迁至该镇。户籍迁出后，甲镇政府遂将二人承包的土地承包经营权收回(每人 7.2 亩，共计 14.4 亩)，而乙镇政府未向周某兰、周某红分配相应土地。二人为此多次向甲镇、乙镇、县农业农村部门反映归还土地承包经营权事宜，一直未得到有效解决。

【调查和督促履职】

2020 年 12 月 15 日，检察服务热线接到周某兰、周某红救助申请，控申部门将案件线索移交公益诉讼检察部门办理。州检察院利用一体化办案机制，将该案线索交县检察院初查。经初步查明，2020 年 9 月 3 日，县农业农村部门针对周某兰、周某红反映事项，认定甲镇政府依据其制定的《关于进一步深化农村改革实施“五统一”服务的意见》，收回二人土地承包经营权，违反了《中华人民共和国农村土地承包法》的相关规定，并将该事项交由甲镇政府依法予以妥善处理。2021 年 2 月 8 日，甲镇政府作出维持收回周某兰、周某红土地承包经营权的意见。同时，检察院还发现其他乡镇也存在类似情况，涉及“外嫁女”百余人。2021 年 11 月 26 日，经报上级检察机关同意，州检察院针对上述可能侵害农村妇女土地承包经营权的情形以行政公益诉讼立案办理。

2021 年 12 月 13 日，检察院组织州、县两级农业农村局、县政府、甲镇政府、乙镇政府召开公开听证会，并邀请州人大代表、人民监督员参加，州纪委监委、妇联、司法局、信访局等部门列席。听证会上，博州妇联表示，妇女和男子享有平等的权利，“外嫁女”的土地承包经营权应予以保护。博州纪委监委表示，行政机关应依法行政，不能因为案涉问题涉及面广、涉及人数众多就久拖不决，损害当事人合法权益。人大代表认为，检察机关召开听证会非常有必要，对职能部门未能依法履职的情形应当依法监督。经听证代表合议，一致认为收回“外嫁女”土地承包经营权的行为侵害了妇女的合法权益，应予纠正。听证会结束后，州检察院分别向甲镇政府、州农业农村局发出诉前检察建议，建议甲镇政府纠正违法行为；建议州农业农村局开展专项调查，对辖区内类似情况全面摸排，并加强与相关职能部门沟通协调，解决类似历史遗留问题，做好妇女权益保护工作。

收到检察建议后，州农业农村局、甲镇政府积极履职，并及时与当事人沟通协商。在双方当事人的申请下，检察机关分别于2021年12月17日和27日组织两次案件协调会，推动解决周某兰、周某红反映问题。州农业农村局开展专项调查，经全面摸排分析，决定将类似问题引导启动仲裁程序。经协商，甲镇政府返还周某兰、周某红原一轮承包土地，并逐年支付该土地统一发包的承包费用，其间土地由甲镇某村实行规模化连片经营管理，周某兰、周某红享有土地的收益和流转等权益。同时，甲镇政府废止《关于进一步深化农村改革实施“五统一”服务的意见》。

【典型意义】

《中华人民共和国妇女权益保障法》《中华人民共和国农村土地承包法》明确规定，妇女依法平等享有承包土地的各项权益，任何村（居）民自治条例、决议等地方性政策规定，都应当依法制定，不得违法剥夺妇女合法权益。本案中，周某兰、周某红等“外嫁女”在未获得嫁入地分配土地之前，原户籍地基层政府收回土地承包经营权的行为，侵害了妇女的合法权益。检察机关依法能动履职，以公开听证、检察建议、沟通协商等方式督促地方政府及相关部门依法履职，对涉及的地方政府规范性文件予以废止，并推动了区域内同类问题的综合治理，起到了办理一案、治理一片的效果，有效维护了农村妇女合法权益。

7. 检察院督促落实涉家庭暴力妇女强制报告行政公益诉讼案[①]

【关键词】

行政公益诉讼诉前程序　家庭暴力　妇女生命健康权益　医疗机构强制报告义务

【要旨】

针对医疗机构未履行发现民事行为能力受限妇女遭受或疑似遭受家庭暴力的报案义务，且行政机关存在监管缺失，致使受家暴妇女权益被侵害的情形，检察机关可以积极稳妥开展公益诉讼，督促、协同相关责任主体履职尽责，推动构建联防联动的涉家庭暴力妇女保护体系。

---

① 参见中华人民共和国最高人民检察院网站，https：//www. spp. gov. cn/xwfbh/dxal/202211/t20221125_ 593721. shtml，2023 年 2 月 24 日访问。

【基本案情】

2020年6月24日，金某某亲属至妇县联反映，称金某某（智力残疾四级）被丈夫郝某某殴打致伤。医疗机构就诊证明显示：金某某受暴力后全身多处瘀斑、肿胀，诊断病情为“多发性击打伤”。经初步了解，接诊医院发现残障妇女遭受暴力殴打而未报警。进一步调研发现，县域近87%的医疗机构未落实强制报告制度，行政机关监管不到位。

【调查和督促履职】

2021年11月，检察院与县妇联共同开展“消除对妇女家暴、维护妇女权益”专项行动，采用综合调研、数据对比等方式，查阅全县近三年涉妇女家暴样本1000余份，发现存在公安机关处理警情不到位、卫生部门监管不严等问题，排查出“金某某疑遭家暴”等3条重点线索。检察院研判后认为，应当发挥检察监督职能作用，督促相关责任主体依法履职。2021年11月11日，检察院与公安机关进行磋商，促成其对相关施暴者批评教育或出具告诫书。

检察院进一步核查发现，金某某有智力残疾，就诊时医务人员已诊断其因暴力导致多发性击打伤，但医疗机构及人员未履行《中华人民共和国反家庭暴力法》等法律规定的报告义务。检察院经审查认为，县域内多数医疗机构均不知悉对此类情形负有强制报告义务，县卫健委负有监管职责却未采取有效监管措施，侵害了妇女合法权益。2022 年 2 月 24 日，检察院决定以行政公益诉讼立案。

2022 年 3 月 1 日，检察院向县卫健委发出诉前检察建议，建议其履行监督管理职责，依据《中华人民共和国反家庭暴力法》第十四条、《江苏省反家庭暴力条例》第二十五条等规定，对涉案医疗机构及医务人员作出相应处理，组织开展专题教育培训和考核检查；建立健全全县医疗机构受家暴妇女接诊处置强制报告工作流程；加强与相关责任单位协作配合，完善联动保护工作机制。

县卫健委收到检察建议后高度重视，立即开展强制报告制度执行情况专项督查，对强制报告执行不力情况予以通报并约谈相关人员；开展类案研判，出台《医疗机构实施侵害未成年人案件和妇女遭受家暴案件强制报告制度工作流程》，并对全县医护人员进行专题培训；召开落实“强制报告”机制圆桌会议，协同检察院、妇联、公安、民政等部门，搭建线索移送、信息共享、进度通报、结果汇总的工作平台，覆盖全县 19 家公立医疗机构、13 家民营医疗机构及责任单位。

为进一步强化相关责任主体履职意识，完善反家暴治理机制，检察院联合县监察委员会、法院、公安、卫健委、妇联等部门出台《关于在消除对妇女家暴维护妇女权益工作中加强协作的实施意见》，构建受家暴妇女权益一体化保护联盟。同时，针对在跟进监督过程中发现金某某患有智力残疾、离婚后家庭十分困难的情况，检察院依据《江苏省反家庭暴力条例》的规定，及时发放司法救助金 3000 元；针对发现的因政策信息渠道闭塞导致残疾人不能及时享受国家、地方救助的问题，检察院与县残联、民政等部门沟通，建议开展专项排查。促成责任部门将金某某纳入困难残疾人生活补贴对象，每月发放补贴 148 元。

【典型意义】

家庭暴力是“社会公害”，需要协同共治。本案中，检察机关加强与妇联协作配合，以个案线索为突破口，通过公益诉讼诉前检察建议，督促行政机关依法履职并落实发现民事行为能力受限妇女遭受或疑似遭受家庭暴力时的强制报告制度。针对地方反家暴治理机制“碎片化”现状，检察机关争取地方党委领导、政府支持，推动建立多职能部门联动协作机制，体现了公益诉讼检察凝聚各方合力、促进系统治理的独特制度价值。

8. 检察院督促加强反家庭暴力联动履职行政公益诉讼案[①]

【关键词】

行政公益诉讼诉前程序　家庭暴力　妇女生命健康权益　磋商　溯源治理

【要旨】

针对个案中反映出有关部门在开展反家庭暴力工作中惩处、协作等方面的不足，检察机关通过构建上下联动、内外协同的公益诉讼一体化办案格局，灵活采用磋商等办案方式，督促协同相关职能部门依法联动履职，切实保障涉家庭暴力妇女的生命健康权等合法权益。

---

① 参见中华人民共和国最高人民检察院网站，https：//www. spp. gov. cn/xwfbh/dxal/202211/t20221125_ 593721. shtml，2023 年 2 月 24 日访问。

【基本案情】

2021年9月以来，无业人员李某（化名）因索要钱财未果，多次殴打妻子马某（化名），并通过摔马某手机等方式威胁马某不许向他人求助。马某曾以报警、联系社工等方式向有关部门求助，但有关部门未充分告知其救济途径和权利，对李某以劝解、口头警告为主。马某因长期受到李某的威胁和殴打，为躲避家暴曾与三个女儿短暂露宿街头，身心遭受较大伤害，其合法权益持续处于受侵害状态。

【调查和督促履职】

2022年3月，区检察院在履行公益诉讼检察职责中发现本案线索，经逐级请示省检察院同意，决定作为行政公益诉讼以事立案。省、市、县三级院坚持一体化办案，省检察院与妇联开展座谈听取意见建议，市检察院制定专案推进具体方案，并指导区检察院依法开展调查。区检察院通过走访调查、询问当事人等方式，了解到马某多次向有关部门求助，但有关部门未严格执行《中华人民共和国反家庭暴力法》《广东省实施〈中华人民共和国反家庭暴力法〉办法》的相关规定，没有全面依法收集证据，权利告知不充分，联动单位未及时通报、转介、跟进，基层组织未及时排查上报，采取的制约措施力度不足。同时，区检察院通过走访法院、教育、民政、司法、妇联、公安等单位，进一步调查核实辖区内家暴案件情况及相关职能部门履职情况，发现当地存在制发家暴告诫书、给予行政或刑事处罚的案件数量相对偏少，在联动履行反家庭暴力惩处、服务、宣传、监督等职能方面存在堵点，家庭暴力预防工作存在漏洞，以妇女为主的家暴受害人权益保障不充分等问题。

2022 年 7 月 20 日，在前期调查的基础上，市、区检察院组织区法院、教育、民政、司法、妇联、公安等单位，召开行政公益诉讼案件磋商座谈会，邀请人民监督员代表参会并发表意见。会议明确了各参会单位的职责分工，对 10 项加强联动的具体举措达成共识。随后，区检察院和区妇联牵头组织公安机关、属地政府工作人员，上门听取马某诉求，共同协调处置方案。公安机关重新跟进并全面收集家暴证据，依法对施暴者予以训诫，民政部门安排社工对受害人进行心理辅导，区检察院联合区妇联对马某母女实施司法救助。目前，马某一家已回归平静生活，李某与其共同经营水果摊，未再发生家暴事件。

为进一步深化办案效果、建立长效机制，市检察院与市妇联签订妇女权益保障公益诉讼协作机制，区检察院和区妇联牵头组织相关单位举办反家庭暴力妇女权益保障联动履职沙龙。区妇儿工委牵头完成了《某区家庭暴力案件处置工作联动机制》的修订工作，搭建了法院等7个单位的联动履职信息共享平台；区公安局出台了处置家庭暴力警情工作规范和反家庭暴力“九个一”工作方案。区妇联牵头各职能部门完善反家庭暴力工作实施方案，建立集预防、处置、救助于一体的家暴案件绿色通道。

【典型意义】

妇女是家庭暴力的主要受害群体之一。《国家人权行动计划（2021—2025年）》明确提出，对不履行预防和制止家庭暴力职责等侵害不特定多数妇女合法权益、损害社会公共利益的行为，检察机关可以发出检察建议或提起公益诉讼。本案中，针对当地反家庭暴力工作存在的“九龙治水”问题，检察机关探索通过公益诉讼以“我管”促“都管”，主动与妇联组织加强协作，共同推动相关职能部门联动履职，促进形成整体联动、齐抓共管的反家庭暴力工作格局，营造了全社会反家庭暴力、维护妇女权益的良好氛围。

9. 检察院督促保护妇女隐私权益行政公益诉讼案[①]

【关键词】

行政公益诉讼诉前程序　公共场所　妇女隐私权益　公开听证　跟进监督

【要旨】

针对公共场所中更衣室、卫生间等私密区域违法安装监控设备，侵犯妇女隐私权益的问题，检察机关依法履行公益诉讼检察职能，运用公开听证、检察建议、联席会议等方式，开展全过程、跟进式监督，建立常态化协作机制，深入推进公共场所妇女隐私权益专项保护，织密织牢妇女合法权益防护网。

【基本案情】

2013 年至 2022 年 3 月，某公司在女性员工不知情的情况下，在女更衣室内安装监控摄像头，并通过公共大

① 参见中华人民共和国最高人民检察院网站，https：//www.spp.gov.cn/xwfbh/dxal/202211/t20221125_593721.shtml，2023 年 2 月 24 日访问。

厅监控显示屏实时显示更衣画面。因监控摄像头安装在更衣室角落隐蔽处，部分女性员工就职时间较短未及发现便已离职，部分女性员工心存顾虑选择沉默，负有监管责任的行政机关在日常检查中更多关注场所公共安全。近十年间，公司数百名女性员工更衣过程被摄像头拍摄记录并在公共区域显示，严重侵犯妇女隐私权。

【调查和督促履职】

2022 年 2 月，检察院在办理杨某某涉嫌盗窃案中发现，作为证据移送的视听资料来源于某公司安装在女性员工更衣室内的视频监控。该院公益诉讼检察部门收到线索后立即开展调查，经调查查明，该公司于 2013 年将带有储物功能的房间用作女性员工更衣室，因员工流动性较大，出于治安安全考虑，在未事先征得女性员工同意的情况下，在该更衣室角落处安装了监控摄像头，事后亦未告知女性员工。该视频监控画面与其他开放区域的监控画面均在人流量较大的休息大厅显示屏上实时切换显示，女性更衣全过程被清晰记录，妇女隐私权持续受到侵害。另调查发现，辖区内多处公共场所均未将监控设置情况进行备案，相关职能部门对公共场所监控设备安装管理存在监管盲区。

2022年3月4日，检察院召开公开听证会，邀请公安机关、文旅部门等相关部门代表，以及人大代表、政协委员等5名听证员，就公共场所妇女隐私权保护中行政主管部门职责划分、检察监督依据、如何跟进监督等问题开展讨论。听证员一致认为，在女性私密更衣场所安装监控的行为已严重侵害妇女合法权益，行政主管部门需加强常态化监管，检察机关有必要跟进监督。同日，检察院向相关行政机关制发诉前检察建议，督促其对辖区内公共场所中涉及个人私密活动的区域进行排查，同时建议由相关部门明确向社会公布禁止安装监控设备的场所和区域，杜绝类似违法行为再次发生。

2022年4月29日，相关行政机关作出书面回复，表示已按照检察建议内容依法履职，拆除涉案公司违法监控摄像设备，并对县域范围内所有公共场所监控设备安装情况开展了为期两周的专项检查。6月2日，检察院牵头县妇联、县总工会、县公安局等十个部门召开全县妇女权益保护工作联席会议，对县域内80余处公共场所妇女隐私权益保护情况开展“回头看”，发现侵犯隐私权线索2条，均及时移送行政机关查处，实现了以点带面、全面监督的效果。6月9日，检察院与县妇联会签《关于建立公益诉讼配合协作机制》，构建信息共享、线索移送等八个方面妇女权益协作保护体系，实现专业化办案与社会保护的有效衔接。

【典型意义】

随着社会管理数字化、智能化水平的提升，企业、商场等公共场所安装监控设备的情况已十分普遍，公共场所隐私权益问题日益受到关注和重视。本案中，检察机关主动关注妇女权益保护的盲点和难点，精准把握“公共安全”与“隐私权保护”之间的平衡点，充分发挥行政公益诉讼诉前检察建议等职能作用，督促相关部门依法履职尽责。同时，注重整合人大代表、政协委员、行政机关、社会组织等多方面力量，全方位促进公共场所妇女隐私权益保护协同共治，切实增强广大妇女的幸福感、安全感。

10. 吴甲红国家司法救助案[①]

【关键词】

家庭暴力受害人　残疾困难妇女　妇联移送线索　综合帮扶　救助回访

【基本案情】

2015 年 8 月 27 日，被救助人吴甲红与汪某亮登记结婚。2017 年吴甲红父亲去世后，汪某亮经常对吴甲红实施打骂、冻饿等暴力虐待行为，致使吴甲红精神状态每况愈下，精神疾病不断加重，汪某亮未对其进行积极治疗。后吴甲红的姐姐吴乙红申请法院宣告吴甲红为限制民事行为能力人，同时申请指定自己为吴甲红的监护人。2021 年 12 月 3 日，法院作出民事判决，宣告吴甲红为限制民事行为能力人。因双方当事人对指定监护人争议较大，法院未予一并处理。2022 年 4 月 28 日，经吴乙红申请，检察院就指定监护人和吴甲红离婚纠纷，向法院提

① 参见中华人民共和国最高人民检察院网站，https：//www. spp. gov. cn/spp/xwfbh/wsfbt/202303/t20230308_ 606393. shtml#2，2023 年 2 月 24 日访问。

出支持起诉意见。2022年8月9日，检察院对汪某亮虐待吴甲红的行为进行刑事立案监督。2022年8月10日，公安局以汪某亮涉嫌虐待罪立案侦查。移送起诉后，检察院于2022年12月16日以汪某亮犯故意伤害罪向法院提起公诉。

【救助过程】

吴甲红的姐姐吴乙红向区妇联反映吴甲红遭受家庭暴力等情况，区妇联向检察院移送本案司法救助线索。区检察院决定启动司法救助程序，经走访调查，查明了相关事实。吴甲红于2019年11月被诊断为精神分裂症，系限制民事行为能力人，在婚姻存续期间遭受丈夫汪某亮的家庭暴力，造成肢体残疾，精神疾病及身体损伤均需长期治疗；吴甲红为居民户口，不享受所在村的村民待遇，也没有低保，无工作能力和收入来源，需专人照看；吴甲红现在外租房居住，日常花销、房租等均由其姐吴乙红负担，生活困难。

检察院审查认为，吴甲红符合司法救助条件，且系遭受家庭暴力的困难残疾妇女，属于检察机关司法救助重点对象，决定向其发放司法救助金。为提升司法救助效果，检察院与区妇联、被救助人所在乡镇政府及村委会等召开座谈会，邀请人大代表参加，共同研究推进对吴甲红进行多元化综合帮扶。一是区妇联将吴甲红纳入关爱帮扶重点对象，及时对吴甲红进行心理安抚和疏导，协调开展心理治疗；二是协调区残联为吴甲红办理精神三级残疾证，申请残疾人生活补贴 1320 元/月、护理补贴 100 元/月、助残补贴 100 元/月、监护人补贴 200 元/月，免除吴甲红城乡居民医疗保险个人缴费部分，其看病产生的费用按照市医保政策予以报销；三是共同关注跟进吴甲红与汪某亮的离婚诉讼相关情况，并为其提供法律援助。

2023 年 1 月，检察院开展救助回访，了解到各项帮扶措施已经落实到位。吴甲红现由吴乙红照顾，生活安稳。吴甲红所在村还将根据法院有关判决情况为吴甲红申请最低生活保障，在后续有关拆迁补偿工作中对吴甲红的情况予以重点关注，保障吴甲红的财产权益。

【典型意义】

本案系检察机关与妇联组织对遭受家庭暴力的困难残疾妇女加强司法救助和综合帮扶的典型案例。本案中，区妇联发现司法救助线索，及时移送检察院。检察院迅速启动司法救助程序，及时发放司法救助金，缓解被救助人面临的急迫生活困难，又与妇联组织以及被救助人所在乡镇政府、基层自治组织加强沟通协作，积极协调开展心理辅导、帮助办理残疾证落实残疾人补贴、提供法律援助等多元化综合帮扶工作，有力提升了案件救助效果。在办理司法救助案件过程中，检察院还结合办案实际，能动履行民事支持起诉、刑事立案监督职能，进一步保障了被救助人合法权益。

11. 曾某燕国家司法救助案[①]

【关键词】

故意伤害案被害人　农村困难妇女　综合帮扶　减免医药费　跟踪帮扶

【基本案情】

2021年6月27日晚，陈某保在与被救助人曾某燕因离婚财产纠纷问题发生争吵中，持菜刀到曾某燕和其前夫所生儿子彭某伟房间，对曾某燕和彭某伟行凶，致曾

① 参见中华人民共和国最高人民检察院网站，https：//www.spp.gov.cn/spp/xwfbh/wsfbt/202303/t20230308_606393.shtml#2，2023年2月24日访问。

某燕左眼盲目 5 级，全身多处刀伤失血，出现重度以上休克，损伤程度达重伤二级。2021 年 6 月 28 日，公安局以陈某保涉嫌故意伤害罪立案侦查。2021 年 9 月 2 日，检察院以陈某保涉嫌故意伤害罪作出批准逮捕决定。2021 年 10 月 27 日，公安局将陈某保移送审查起诉。2021 年 11 月 27 日，检察院以故意伤害罪对陈某保提起公诉，曾某燕、彭某伟提起附带民事诉讼。2022 年 3 月 4 日，法院以陈某保犯故意伤害罪判处有期徒刑八年二个月，赔偿附带民事诉讼原告人经济损失 10 万余元。

【救助过程】

检察院刑事检察部门在办理陈某保故意伤害案中主动了解被害人家庭生活困难情况，发现本案司法救助线索，移送控告申诉检察部门办理。控告申诉检察部门决定启动司法救助程序。经实地走访调查，查明了相关事实。曾某燕系农村居民，案发后被送往医院救治，住院治疗 40 余天，支出医疗费 8 万余元；因遭受犯罪侵害，曾某燕左眼器质性损伤严重，眼球壁和眼球内容物损坏致左眼无光感，急需做眼球摘除和义眼种植手术，医疗费 2 万元；现曾某燕与其儿子彭某伟租房居住，收入来源为曾某燕在某公司从事外包操作工的收入和其儿子在某民营汽修厂做学徒工的收入，除去房租和日常开销后所剩无几；附带民事诉讼赔偿金未能全部执行到位，且已全部用于治疗，无力承担术后眼部护理所需医药费用，家庭生活较为困难。

检察院审查认为，曾某燕符合司法救助条件，且系农村地区生活困难妇女，应予重点救助，决定向其发放司法救助金。为进一步提升救助效果，检察院将本案司法救助情况向区妇联通报，共同研究推进综合帮扶措施。一是区妇联将曾某燕确定为重点帮扶困难妇女；二是针对被救助人反映的其所在公司拟以因案致残不宜继续工作为由将其予以辞退的情况，积极与被救助人所在公司沟通协调，将其调整到更加适合的岗位；三是主动联系救治医院，向医院说明曾某燕困难情况，协调减免部分手术费用。

司法救助案件办结后，检察院与区妇联定期共同走访曾某燕本人及其所在社区、公司，持续关注被救助人工作和生活状况，帮助被救助人恢复生活信心。

【典型意义】

本案系检察机关与妇联组织对农村地区困难妇女加强司法救助协作，协同开展综合帮扶的典型案例。本案中，检察院在办案过程中主动了解被害人家庭生活困难情况，发现司法救助线索后及时启动司法救助程序，发放救助金，缓解了被救助人家庭燃眉之急，并及时向妇联组织通报司法救助情况，共同开展综合帮扶和跟踪回访，帮助被救助人恢复生活信心，切实保障了救助效果。

12. 古某香等5人国家司法救助案[①]

【关键词】

交通肇事案被害人近亲属　农村困难妇女　原建档立卡贫困户　未成年人　综合帮扶　救助回访

【基本案情】

2021年12月15日，刘某汶酒后驾驶无牌电动三轮车在某村路口左转弯时压过黄线，与叶某勇驾驶的电动二轮摩托车发生碰撞，致叶某勇受伤，后经抢救无效死亡。经交警部门认定，刘某汶负此次交通事故的主要责任。2021年12月22日，公安局对刘某汶以涉嫌交通肇

① 参见中华人民共和国最高人民检察院网站，https://www.spp.gov.cn/spp/xwfbh/wsfbt/202303/t20230308_606393.shtml#2，2023年2月24日访问。

事罪立案侦查，于2022年1月13日移送检察院审查起诉。2022年1月21日，检察院对刘某汶提起公诉，被救助人古某香等人提起附带民事诉讼。2022年4月26日，法院以交通肇事罪判处被告人刘某汶有期徒刑一年二个月，赔偿附带民事诉讼原告人丧葬费、死亡赔偿金等68万余元。

【救助过程】

检察院刑事检察部门在办理刘某汶交通肇事案时发现刘某汶仅垫付叶某勇医院抢救期间部分治疗费用，后续费用无力赔偿，且肇事车辆未购买保险，被害人叶某勇近亲属的生活可能陷入困境，遂将本案司法救助线索移送控告申诉检察部门办理。控告申诉检察部门决定启动司法救助程序，开通“绿色通道”，指定专人优先办理。经走访调查，查明了相关事实。案发前叶某勇家庭共有成员7人，原系农村地区建档立卡贫困户，主要依靠叶某勇打工收入维持生活，案发后叶某勇死亡，家庭失去主要经济来源；古某香以务农为生，经济收入少，时年15岁的叶某盛因无法走出其父意外死亡的阴影，自缢身亡，叶某丽、叶某如、叶某利均为在校学生，其中两人为未成年人，古某香不仅要独自抚养三名子女，还需赡养 85 岁的婆婆，家庭生活十分困难。

检察院审查认为，本案符合司法救助条件，且古某香属于“关注困难妇女群体，加强专项司法救助”活动中“家庭主要劳动力受到违法犯罪侵害致死，承担养育未成年子女、赡养老人义务”的困难妇女情形，决定向其发放司法救助金。为进一步加大救助力度，助力巩固拓展脱贫攻坚成果，促进社会和谐稳定，检察院加强与市妇联的沟通协作，积极协调有关职能部门开展多元综合帮扶。一是发挥妇联工作优势，有针对性地对古某香及其子女开展心理疏导，将古某香纳入重点关注对象，开展常态化走访慰问；二是将在读高中的叶某如纳入“春蕾计划”，给予相应的学习和生活补助；三是教育部门对古某香未成年子女落实帮扶政策，减免学杂费等；四是民政部门按照规定将古某香全家 5 人纳入最低生活保障范畴，家庭每月可得最低生活保障金 2100 元；五是当地村委会为古某香就近安排公益岗位，每月收入 500 元。

司法救助案件办结后，检察院与市妇联开展回访，了解到古某香家人的生活状况和精神状态都有了较大改观，其本人从事家政服务，女儿叶某丽还利用暑期时间勤工俭学自力更生。古某香表示今后将积极乐观面对生活，努力赡养好老人，培育好子女，努力回馈社会关怀。

【典型意义】

本案系检察机关与妇联组织对农村地区困难妇女加强司法救助协作，积极协调开展多元综合帮扶的典型案例。本案中，检察院在办理刑事案件过程中发现司法救助线索，开通困难妇女司法救助“绿色通道”，指定专人优先办理，按照“保基本，助长远”的基本目标，在发放司法救助金的同时，结合被救助人家庭实际困难情况，积极与妇联组织加强协作，协同有关部门共同开展社会帮扶，实现司法救助与社会救助有机衔接，并通过救助回访，持续关注被救助人家庭生活情况，有力促进了司法办案政治效果、社会效果和法律效果的有机统一。

13. 赵某蕾国家司法救助案[①]

【关键词】

女大学生求职 退役军人家属 综合帮扶 救助回访 就业安全培训 促进社会治理

【基本案情】

2020 年 7 月，被救助人赵某蕾大学毕业后，到陈某启的工作室求职。面试期间，陈某启趁机对赵某蕾进行猥亵。后查明，陈某启还以同样手段对前来应聘的陆某某实施猥亵。2021 年 3 月，法院以陈某启犯强制猥亵罪，判处其有期徒刑三年六个月。被害人陆某某不服法院判决，向检察院提出申诉。

【救助过程】

检察院控告申诉检察部门在办理陆某某刑事申诉案过程中，发现原案另一被害人赵某蕾家庭生活困难，可

---

① 参见中华人民共和国最高人民检察院网站，https：//www. spp. gov. cn/spp/xwfbh/wsfbt/202303/t20230308_ 606393. shtml#2，2023 年 2 月 24 日访问。

能符合司法救助条件，及时启动司法救助程序，开通“绿色通道”，加快案件办理进度。经入户走访等调查工作，查明了相关事实。赵某蕾一家共有 5 人，赵某蕾系家中唯一劳动者，父亲系伤残退役军人，退役后患有精神分裂症，无劳动能力，母亲患有癌症，长期住院治疗，医疗费用巨大，弟弟、妹妹年纪尚小，正在学校上学；案发后赵某蕾精神受到严重刺激，无法正常工作，家庭生活十分困难。

检察院审查认为，赵某蕾在求职就业中受到犯罪侵害，加剧家庭生活困难，符合司法救助条件，决定向其发放司法救助金。针对赵某蕾精神遭受严重创伤、沟通和表达能力均受较大影响、无法正常工作等现实情况，检察院与区妇联成立关怀小组，组织“幸福护航”巾帼志愿者、心理辅导师、社区工作人员对赵某蕾提供长期心理辅导，引导其逐步走出心理阴影，在某公司实现就业，月收入 3000 余元；区妇联将赵某蕾母亲纳入女性安康工程，为其申请低收入妇女“两癌”救助金、大病医疗补助 4000 元；协调区民政局、区退役军人事务局落实赵某蕾父亲退役军人伤残补助金每年 1 万元；当地村委会、包村干部开展“邻里互助”活动，将赵某蕾一家列为重点帮扶对象，进一步跟踪落实低保兜底、残疾人补助、医疗保障等政策。

司法救助案件办结后，检察院和区妇联先后 4 次会同有关部门对赵某蕾家庭进行回访，目前赵某蕾的父亲精神状态恢复较好，母亲病情稳定并在家中做手工补贴家用，弟弟、妹妹在学校安心读书，赵某蕾重拾生活信心，家庭生活恢复正常。

检察院还结合本案中不法分子利用女大学生求职心切、自我防范意识不足等心理，设置求职陷阱、侵害女大学生人身权利的情况，与区妇联共同开展大学生“就业安全季”系列活动，组建由检察官、妇联组织工作人员以及律师、巾帼志愿者等组成的专家团队，到当地大中专院校开展就业兼职安全培训，对就业过程中防范性侵害、性别歧视、性骚扰等问题提供法律咨询，帮助大学生增强安全防护意识和自我保护能力，促进提升社会治理水平。

【典型意义】

本案系检察机关结合刑事申诉案件办理加强与妇联组织的司法救助协作，切实维护求职过程中被侵害女大学生合法权益的典型案例。本案中，检察院在办理刑事申诉案件过程中发现司法救助线索，快速启动司法救助程序，及时发放司法救助金，缓解被救助人家庭困难，并加强与妇联组织的救助协作，建立健全司法救助与社会救助衔接机制，积极协调落实综合帮扶措施，有效解决被救助人家庭的长远生活保障问题。检察机关和妇联组织还共同开展回访和大学生“就业安全季”系列活动，为女大学生安全就业保驾护航，实现司法救助与社会治理的融合互动，起到了“办理一案、教育一片”的良好效果。

14. 罗某艳国家司法救助案[①]

【关键词】

刑事被害人近亲属　困难妇女　妇联移送线索　联合救助　综合帮扶　联合回访

【基本案情】

2019年1月31日0时许，周某无证驾驶小车途经某路段时，因操作失当，驶入对向车道，与蒋某驾驶的车辆

① 参见中华人民共和国最高人民检察院网站，https：//www. spp. gov. cn/spp/xwfbh/wsfbt/202303/t20230308_ 606393. shtml#2，2023年2月24日访问。

相撞，造成蒋某车上的乘客刘某三重伤。经交警部门认定，周某、蒋某分别承担此次交通事故的主要责任、次要责任，刘某三无责任。刘某三提起民事诉讼，法院于2019年10月28日作出民事判决，保险公司、周某、蒋某分别赔偿刘某三21万余元、56万余元、12万余元。民事判决生效后，保险公司履行到位，但蒋某履行3万元后无力继续履行，周某未履行赔偿责任。2019年10月16日，公安局以涉嫌交通肇事罪将周某刑事拘留，后经检察院批准逮捕。移送起诉后，检察院向法院提起公诉。2020年5月11日，法院以交通肇事罪判处周某有期徒刑十个月。

【救助过程】

2022年5月，市妇联在入户开展工作时发现被救助人罗某艳的丈夫因案失去劳动能力，罗某艳上有老人需要赡养，下有多名子女需要抚养，可能属于因案致困妇女，遂根据检察院、市妇联共同出台的《加强司法救助案件中困难妇女权益保护的工作衔接机制》，向检察院移送本案司法救助线索。检察院决定启动司法救助程序，经调查核实，查明了相关事实。罗某艳家庭系当地低保户，共有家庭成员8人，案发前罗某艳的丈夫刘某三从事装修工作，罗某艳在外务工，二人收入较为稳定，四名子女均年幼，小女儿 3 岁尚未入学，其他三名子女均为小学在读，罗某艳的公婆均系农民，以务农为生，现均年逾六旬，劳动能力下降，基本无收入；案发后刘某三重伤一级、一级伤残，需终身护理，罗某艳因需护理瘫痪在床的丈夫和照顾年迈的公婆、抚养四个未成年子女，无法外出务工，全家靠低保金生活，因周某、蒋某名下无可供执行的财产，大部分的赔偿款实际未能执行到位，支付的赔偿款已全部用于刘某三的前期治疗，罗某艳家庭生活十分困难。

检察院审查认为，罗某艳家庭生活因案陷入困境，符合司法救助条件，且罗某艳属于"关注困难妇女群体，加强专项司法救助"活动中"家庭主要劳动力受到违法犯罪侵害导致丧失劳动能力，承担养育未成年子女、赡养老人义务"的困难妇女，是检察机关司法救助的重点对象。为加大救助力度，检察院提请上级检察院进行联合救助，共同向罗某艳发放司法救助金。针对罗某艳家庭实际困难，两级检察院、妇联共同研究，积极协调落实多元化综合帮扶措施。一是市妇联依托该市"出手吧！姐姐！"公益项目，救助罗某艳家庭 1 万元；二是市民政局按照规定向罗某艳家庭发放临时生活困难救助金；三是通过检察院将罗某艳的四名未成年子女纳入"检·爱计划”公益项目，按年度提供助学金；四是市乡村振兴局将罗某艳家庭纳入“防止返贫监测户”，开展帮扶；五是罗某艳所在村将其纳入年度走访慰问对象，开展“一对一”结对帮扶，促进解决其家庭生活困难。

司法救助案件办结后，两级检察院和妇联共同开展回访，跟进了解各项救助帮扶措施落实情况，安排妇联工作人员、巾帼志愿者等定期入户开展后续帮扶，得到罗某艳家人及附近群众的高度肯定。

【典型意义】

本案系检察机关对家庭主要劳动力丧失劳动能力的困难妇女，联合妇联组织加强司法救助协作，切实加大救助帮扶力度的典型案例。本案中，市妇联在日常工作中发现司法救助线索，依托其与当地检察院建立的困难妇女司法救助衔接工作机制，移送检察院。检察院主动启动司法救助程序，提请上级检察院进行联合救助，及时发放司法救助金。针对被救助人家庭实际困难，检察机关与妇联组织共同研究，积极协调相关职能部门合力开展多元化综合帮扶，并共同开展回访，有力促进解决了困难妇女家庭的急难愁盼问题。

15. 赵某红等4人国家司法救助案[①]

【关键词】

命案被害人　困难妇女　大检察官接访　共同走访　联合救助　综合帮扶

【基本案情】

2020年4月19日14时许，唐某伦酒后因琐事与税某义、被救助人赵某红夫妻发生口角，唐某伦拿出一把尖刀捅刺税某义左侧胸部，又用尖刀刺伤赵某红的背部、腹部并用石头砸其头部，致税某义当场死亡，赵某红重伤二级。经公安机关立案侦查、移送起诉，2020年9月24日，检察院以被告人唐某伦犯故意杀人罪向法院提起公诉，赵某红等人提起附带民事诉讼。2021年2月26日，法院判处被告人唐某伦犯故意杀人罪，处死刑，缓期二年执行，赔偿附带民事诉讼原告人丧葬费、死亡赔偿金等共计72万余元。唐某伦上诉后，省高院于2021

① 参见中华人民共和国最高人民检察院网站，https：//www. spp. gov. cn/spp/xwfbh/wsfbt/202303/t20230308_ 606393. shtml#2，2023年2月24日访问。

年 11 月 2 日作出终审判决，维持一审判决刑事部分，撤销有关死亡赔偿金的赔偿内容。

【救助过程】

省检察院刑事检察部门在办理唐某伦故意杀人案时发现被害人赵某红可能属于困难妇女，将该司法救助线索移送控告申诉检察部门。控告申诉检察部门决定启动司法救助程序，并与市、区检察院联合办理，开通“绿色通道”，加快办理进度，加大救助力度。2022 年 4 月 29 日，检察院时任检察长接待赵某红，现场倾听其诉求，要求检察机关加强与省妇联的救助协作。经检察机关与妇联组织共同走访调查，查明了相关事实。赵某红家庭原有 5 人，案发前赵某红与丈夫税某义在当地从事农业生产和贩卖果蔬，收入尚能维持一家人的开销，案发后税某义死亡，赵某红重伤二级且需后续治疗，无法从事重体力工作，还需照顾家中老人、小孩，因无法面对案发现场，搬至某街道居住；赵某红女儿税某怡为某中学高三学生，儿子税某杰为某小学一年级学生，婆婆廖某玉现年 68 岁，双目失明，一级残疾，生活不能自理；附带民事诉讼赔偿金额不高，且被告人唐某伦仅部分履行，赵某红家庭生活陷入困境。

省、市、区三级检察院审查认为，赵某红等人符合司法救助条件，且属于“关注困难妇女群体，加强专项司法救助”活动中的重点救助对象，决定共同发放司法救助金。针对本案被救助人家庭实际生活困难，三级检察院和妇联共同到被救助人户籍所在地乡镇召开协调会，邀请有关政府部门共同开展跨区域、多元化的综合帮扶。一是市妇联所属公益组织对赵某红一家开展心理疏导和帮扶工作，确保税某怡以最好状态参加高考，并将税某怡列入“春蕾绽放”计划，给予资金帮助；二是市民政局将赵某红家庭纳入低保及困难群众慰问范围，对廖某玉进行养老帮扶，协助税某怡申请“阳光圆梦”资助项目；三是市教体局对税某怡进行心理辅导和高考指导，发放普通高中学生国家助学金，免除学费、课本费、住校费，考取大学后协助申请办理生源地助学贷款；四是市卫健委对被救助人看病就医费用按规定给予减免，为廖某玉发放计划生育特殊家庭奖励扶助，享受免费体检并纳入系统管理；五是市残联为廖某玉办理重度残疾人养老保险，纳入残疾人临时困难救助及适老适盲居家改造范围；六是市仁爱中心及被救助人户籍所在地乡镇对廖某玉开展定期陪护和日常饮食起居生活帮扶；七是某街道和社区为赵某红提供灵活就业岗位、协助办理居住证等。

【典型意义】

本案系检察机关与妇联组织加强司法救助协作，对因案致困妇女跨区域协同进行司法救助和综合帮扶的典型案例。本案中，省检察院在办理刑事案件过程中主动启动司法救助程序，检察长当面听取困难妇女诉求，了解其家庭生活困难情况，三级检察院上下联动，开通“绿色通道”加快案件办理进度，及时发放较高数额的司法救助金，充分发挥了司法救助“救急解困”的功能作用。检察机关还切实加强与妇联组织的协作配合，立足被救助人家庭上有老、下有小等实际困难，积极协调相关职能部门落实多元化综合帮扶措施，为被救助人长期生活保障提供有力支撑，有效提升了救助效果。

16. 黄某定等3人国家司法救助案[①]

【关键词】

交通肇事案被害人近亲属　农村困难妇女　未成年人　联合救助　综合帮扶　救助回访

【基本案情】

2019年12月7日，韦某坤无证驾驶无牌照三轮摩托车在某乡镇道路行驶途中搭载王某明，之后发生侧翻，造成王某明死亡的道路交通事故。经交警部门认定，韦某坤在此次事故中负全部责任。2020年3月6日，公安局以韦某坤涉嫌交通肇事罪立案侦查。移送起诉后，民检察院于2020年8月31日向法院提起公诉。2020年9月17日，法院以交通肇事罪判处韦某坤有期徒刑十个月，缓刑一年。

【救助过程】

检察院刑事检察部门在办理韦某坤交通肇事案过程

---

① 参见中华人民共和国最高人民检察院网站，https：//www. spp. gov. cn/spp/xwfbh/wsfbt/202303/t20230308_ 606393. shtml#2，2023年2月24日访问。

中，发现被害人王某明的妻子被救助人黄某定有两个未成年子女需要抚养，可能属于因案导致家庭生活困难情形，遂将本案司法救助线索移送控告申诉检察部门。控告申诉检察部门决定启动司法救助程序，经走访调查，查明了相关事实。黄某定系当地农村居民，患有智力障碍及言语残疾（一级），无法与人正常交流，其女儿王某甲、儿子王某乙尚年幼，家庭原系建档立卡贫困户、低保户；案发前王某明系该家庭的唯一劳动力，案发后因王某明的死亡致家庭失去经济来源，在辖区政府的帮助下，黄某定、王某甲、王某乙已被送至该县某福利院生活。

检察院审查认为，黄某定、王某甲、王某乙符合司法救助条件，其中黄某定系农村地区困难妇女，且身患智力障碍及言语残疾，属于检察机关司法救助的重点对象。为加大司法救助力度，检察院报请上级检察院开展联合救助，决定共同发放司法救助金，并委托该县某福利院对司法救助金进行管理，确保用于黄某定等人的生活、医疗等支出。针对本案被救助人家庭现实困难情况，检察院及时向县妇联通报，县妇联将黄某定户纳入重点关心、关注对象，与检察院共同就黄某定等人的生活状况及司法救助金使用情况进行回访。对在回访中了解到的王某甲缺乏持续性帮扶、王某乙面临学前教育等问题，检察院与县妇联于2022年3月共同与乡村振兴局等部门召开司法救助与社会救助衔接联席会，共商落实综合帮扶措施。一是县乡村振兴局会同镇政府将黄某定户纳入防止返贫监测对象管理，压实村级帮扶责任，定期跟踪回访掌握黄某定的基本生活情况；二是县教科局协调安排王某乙在该县某福利院附近的幼儿园就读，享受学前奖补资金，免除保教费、生活费，并赠送生活用品，使王某乙得以按时入园接受教育；三是县民政局将王某甲、王某乙两人纳入“事实无人抚养未成年人集中养育”，提供较为充足的养育金，并结合黄某定一家在福利院生活的实际，保障享受城市低保金，指定福利院工作人员专人接送王某乙进入幼儿园接受教育。

司法救助案件办结后，检察院以本案的办理为切入点，与县妇联、民政局、乡村振兴局、司法局、医保局、教科局、退役军人事务局、残联等十一个部门会商，共同出台了《关于建立完善司法救助与社会救助工作的衔接机制（试行）》。

【典型意义】

本案系检察机关与妇联组织对困境妇女儿童加强司

法救助协作，协同相关职能部门开展多元化综合帮扶的典型案例。本案中，检察院针对被救助人家庭因案失去经济来源，尚有两个未成年子女需要抚养的实际，主动启动司法救助程序，联合上级院及时发放司法救助金，并将本案司法救助情况向县妇联通报。县妇联将被救助人家庭纳入重点关心、关注对象，与检察机关共同开展回访，协同乡村振兴、教育、民政等部门合力开展综合帮扶，促进解决被救助人家庭的后顾之忧，彰显了良好的政治效果、社会效果和法律效果。

17. 胡某芬等 3 人国家司法救助案①

【关键词】

故意杀人案被害人　困难妇女　未成年人　绿色通道　综合帮扶　联合回访

【基本案情】

2021 年 11 月 4 日凌晨 4 时许，王某良因感情纠纷与

① 参见中华人民共和国最高人民检察院网站，https：//www. spp. gov. cn/spp/xwfbh/wsfbt/202303/t20230308_ 606393. shtml#2，2023 年 2 月 24 日访问。

被救助人前妻胡某芬发生争执，用菜刀将胡某芬头部、面部砍伤，后又拿砖块砸伤胡某芬头部，并将胡某芬的两个女儿周某怡、周某宇砸击至昏迷。王某良被公安机关当场抓获。2021 年 11 月 5 日，公安局以王某良涉嫌故意杀人罪立案侦查。移送起诉后，区检察院于 2022 年 2 月 18 日报送市检察院审查起诉。2022 年 3 月 16 日，市检察院以王某良犯故意杀人罪向法院提起公诉。同年 11 月，胡某芬提起附带民事诉讼。目前，该案正在审理中。

【救助过程】

检察院刑事检察部门在办理王某良故意杀人案过程中，发现被害人胡某芬、周某怡、周某宇可能符合司法救助条件，遂移送控告申诉检察部门。控告申诉检察部门开通司法救助“绿色通道”，加快案件办理进度。经走访调查，查明了相关事实。胡某芬来自农村家庭，其与王某良离婚后依靠打工收入抚养两个女儿，系家庭主要劳动力；王某良故意杀人案造成胡某芬轻伤一级、周某怡和周某宇重伤二级的严重后果，胡某芬住院两次，花费 9 万余元，周某怡住院四次，花费近 20 万元，周某宇住院两次，花费 10 万余元，无力承担全部治疗费用，家庭生活难以为继；母女三人无钱进行后续治疗，且大女儿一只眼睛有失明的风险，胡某芬为此患上抑郁症；案发后王某良未给予任何赔偿，胡某芬家庭生活陷入困境。

检察院审查认为，胡某芬及其女儿因案导致生活困难，符合司法救助条件，且系检察机关司法救助重点对象，决定发放司法救助金，以纾解被救助人面临的急迫困难。针对胡某芬家庭实际生活困难，检察院积极与区妇联联系，共同研究推进一系列帮扶措施。一是区妇联向被救助人发放困难救助金，进一步缓解其生活困难；二是联合被救助人所在街道办和村委会开展日常帮扶，送去生活物品，并关注胡某芬家庭生活状况；三是协调胡某芬两个女儿的就读学校，为其减免书本费、午餐费等。

司法救助案件办结后，检察院与区妇联共同开展回访，关注被救助人心理健康，积极进行心理治疗和辅导，帮助重塑生活信心。2022 年 9 月 20 日，在最高检和全国妇联召开的视频连线调研会议上，被救助人胡某芬应邀列席会议。当回忆起检察机关和妇联对其的救助帮扶时，胡某芬十分感激。检察院与区妇联还以本案办理为契机，共同出台《关于开展“关注困难妇女群体，加强专项司法救助”活动的实施意见》，建立救助困难妇女长效协作机制。

【典型意义】

本案系检察机关在办理刑事案件过程中加大对困难妇女的司法救助力度，积极协同妇联组织开展综合帮扶的典型案例。本案中，检察院针对胡某芬及其两个女儿被伤害后发生较多的医疗费用、生活难以为继的困难情形，充分发挥司法救助“雪中送炭”“救急解困”的功能作用，依职权启动司法救助程序，及时发放司法救助金。为进一步解决胡某芬家庭的实际生活困难，检察院与区妇联加强协作，推进实施综合帮扶措施，实现司法救助与社会救助有机衔接，并建立长效工作机制，有效提升了司法救助效果。

相关案例

18. 工会劳动法律监督维护内退女职工特殊权益案①

【基本案情】

2020 年 3 月，江苏省某企业制定了员工内部退养管

① 参见微信公众号“全国妇联女性之声”，https：//mp. weixin. qq. com/s/YrpfJiJ6BEbNS9g2HVHKvg，2023 年 2 月 24 日访问。

理办法，规定职工距离退休年龄不足五年可以办理内部退养，每月领取基本生活费，不享受在职职工各项福利，并据此与符合条件的职工签订内退协议。当年5月，企业组织在职职工体检，未安排内退职工参加，同时取消了内退女职工妇女常见病普查和“两癌”筛查。内退女职工认为不合理，在与企业协商无果后，78名内退女职工集体向市总工会寻求帮助。

市总女职工部会同法工部启动工会劳动法律监督程序，第一时间向企业工会负责人核实情况，指出该公司取消内退女职工妇女常见病普查和“两癌”筛查的做法，违反了《江苏省女职工劳动保护特别规定》相关规定，侵犯女职工合法权益，同时指导企业工会与行政方协商，尽快妥善处理矛盾。但该公司法务认为内退职工与企业签订协议明确放弃在职职工所有福利，拒绝工会劳动法律监督建议。

在此情形下，市总工会决定启动“上代下”维权机制，由分管领导亲自带队进入企业，直接约谈公司分管副总，针对公司法务的观点提出两条监督意见：一是依据《江苏省女职工劳动保护特别规定》规定，妇女常见病普查和“两癌”筛查不属于内退协议中福利待遇的内容，而是用人单位的法定义务，企业必须履行，不得因签订相关协议而免除义务。二是该项劳动争议涉及 78 名内退女职工，人数众多，企业应当充分考虑其对劳动关系和谐稳定的影响，及时依法依规解决问题。最终，企业行政方接受工会监督意见，同意安排所有内退女职工进行妇女常见病普查和“两癌”筛查。

【典型意义】

本案是一起侵害女职工特殊权益的典型案件。《江苏省女职工劳动保护特别规定》第二十一条规定，用人单位应当每年至少安排 1 次妇女常见病普查，对年满 35 周岁的女职工应当增加乳腺癌、宫颈癌筛查。女职工年度妇女常见病普查、年满 35 周岁女职工“两癌”筛查是女职工的法定权利，也是用人单位应尽的法定义务。本案中企业 78 名内退女职工与企业并未终止劳动关系，内退协议有关女职工体检的约定，违反政府规章强制性规定，是无效的。

本案的顺利解决，工会组织发挥了重要作用。市总工会第一时间启动了工会劳动法律监督和“上代下”维权机制，把普法、监督和案件调处同步推动，有效化解了劳动争议，纠正了企业的违法行为，维护了职工合法权益，为各级工会组织加强劳动法律监督、依法调处案件提供了示范。

19. 离婚藏匿子女刑事拘留案[①]

【基本案情】

陈某（女）与汪某（男）婚后感情不和，经常争吵。2019年7月，陈某生下一子。孩子出生第三天，汪某将孩子带离，再无消息。2019年9月，陈某到市妇联信访请求帮助找回孩子。妇联多次组织双方调解，因汪某一再出尔反尔而失败，遂引导双方通过诉讼解决问题，并为陈某申请了法律援助。在不断寻找幼子、协商处理纠纷的过程中，见不到孩子的陈某情绪波动较大，失去了稳定的工作，妇联多次进行心理疏导，提供困难救助。

2020年3月，法院判决孩子由陈某抚养，汪某每月支付抚养费1200元，但汪某拒不执行生效判决，仍将孩子藏匿在外地并拒绝见面。法院以汪某涉嫌“拒不执行法院判决、裁定罪”将案件移交公安局侦办，公安局审查立案后依法对汪某采取了刑事拘留的强制措施。此时，汪某及其家人才主动联系法院，表示愿意配合案件执行。

---

① 参见微信公众号“全国妇联女性之声”，https：//mp. weixin. qq. com/s/TUKVlDr2YXBPvhL-m572Sg，2023年2月24日访问。

2021年1月，在市妇联的见证下，汪某委托姐姐把孩子交给陈某，双方达成谅解，并协议确定对孩子抚养、探视的权利和义务，案件得到圆满解决。

【典型意义】

本案是以“拒不执行法院判决、裁定罪”解决抢夺、藏匿未成年子女问题的成功案例。因离婚引起一方抢夺、藏匿未成年子女问题时有发生，有的当事人无视法院判决，光天化日下从幼儿园、学校甚至法庭抢走孩子，有的抢夺藏匿孩子后无心无力照料，干脆让孩子成为留守儿童，有的给孩子灌输仇视另一方的思想。这种行为不仅侵害另一方依法享有的监护、抚养、探望权利，也对未成年人身心健康造成伤害，有的矛盾纠纷愈演愈烈，酿成人身伤亡的恶性案件，影响极其恶劣。造成这种乱象的原因在于，一些当事人认为抢夺、藏匿自己孩子的行为不违法，为了争夺抚养权提前谋划将孩子抢夺、藏匿起来，形成“共同生活”的既定事实。在司法实践中，缺乏惩治这种行为的法律规范，且未成年人的人身又不能强制执行，致使抢夺、藏匿未成年子女的行为人有恃无恐，成为维权难点问题。

本案中司法机关相互配合，取得成效。人民法院担当作为，准确适用“拒不执行法院判决、裁定罪”，在移交后，公安机关审查立案后对当事人采取了刑事拘留，彰显了法律尊严，体现了公平正义。最终，在法律的震慑下，迫使当事人回归理性，放下了恩怨，判决得到顺利执行，解决了妇女群众的揪心事，促进了社会和谐稳定。本案为解决抢夺、藏匿未成年子女问题提供了参考。

20. 张某人身安全保护令案[①]

【基本案情】

张某与赵某系河北省人，于2008年结婚，婚后育有一子。孕期赵某曾对张某实施家庭暴力，并限制张某人身自由。2010年，二人到北京谋生，从2013年起，赵某经常对张某进行言语威胁、恐吓，并多次对张某造成人身伤害。2015年12月，张某因不堪忍受家暴向法院提起离婚诉讼，后经家人劝说撤诉，张某搬至工作处宿舍居住。赵某变本加厉威胁张某人身安全，多次持菜刀威胁离婚就杀死张某及其全家。张某曾两次报警，但问题都

① 参见国务院妇女儿童工作委员会网站，https：//www. nwccw. gov. cn/2018-05/09/content_ 206462. htm，2023年2月24日访问。

未得到根本解决。最终，张某选择向妇联组织寻求帮助。

【裁判结果】

河北省妇联了解情况后，积极为张某提供法律援助，拟根据《中华人民共和国反家庭暴力法》规定申请人身安全保护令。由于家庭暴力发生地在北京，且张某在北京居住多年，需向北京市某区人民法院申请人身安全保护令。法院认为需要提交伤情鉴定等材料才能立案，法援律师与法院沟通，说明本案的暴力行为主要是威胁和恐吓，属于精神暴力，《中华人民共和国反家庭暴力法》明确规定，威胁、恐吓属于家庭暴力行为，希望法院予以考虑，法院经研究后同意立案。

张某虽曾报警，但派出所不同意律师调取报警记录，律师向法院提交了《调查取证申请书》，申请法院到派出所调取报警、出警记录以及到张某工作单位调查核实情况。北京市妇联获悉后也积极与法院联系沟通。经过河北省妇联、法援律师、北京市妇联的多方努力，法院最终认定张某在京居住事实，且面临家庭暴力的现实危险，依照《中华人民共和国反家庭暴力法》为张某发出人身安全保护令。

【典型意义】

目前，由于流动人口大幅增加，居住地与户籍地分离的情况较为普遍，《中华人民共和国反家庭暴力法》对于人身安全保护令案件的管辖权规定“由申请人或者被申请人居住地、家庭暴力发生地的基层人民法院管辖”。本案中张某户籍地属于河北省，但家庭暴力发生地在北京市某区，应向北京市某区人民法院申请人身安全保护令。河北省妇联和北京市妇联协调联动，河北省妇联作为户籍地提供了法律援助，北京市妇联作为居住地帮助协调法院立案管辖，实现了维权服务的跨地区衔接。

本案是《中华人民共和国反家庭暴力法》实施后跨省发放、针对精神暴力的人身安全保护令，对于异地居住、遭受精神暴力的家暴受害者申请人身安全保护令具有典型示范意义。

第九章　法律责任

指导性案例

1. 郑某诉自动化公司劳动合同纠纷案[①]

【关键词】

民事　劳动合同　解除劳动合同　性骚扰　规章制度

【裁判要点】

用人单位的管理人员对被性骚扰员工的投诉，应采取合理措施进行处置。管理人员未采取合理措施或者存在纵容性骚扰行为、干扰对性骚扰行为调查等情形，用人单位以管理人员未尽岗位职责，严重违反规章制度为由解除劳动合同，管理人员主张解除劳动合同违法的，

---

① 参见最高人民法院指导案例 181 号。

人民法院不予支持。

【相关法条】

《中华人民共和国劳动合同法》第三十九条

【基本案情】

郑某于2012年7月入职自动化公司，担任渠道销售经理。自动化公司建立有工作场所性骚扰防范培训机制，郑某接受过相关培训。自动化公司《商业行为准则》规定经理和主管“应确保下属能畅所欲言且无须担心遭到报复，所有担忧或问题都能专业并及时地得以解决”，不允许任何报复行为。2017年版《员工手册》规定：对他人实施性骚扰、违反公司《商业行为准则》、在公司内部调查中做虚假陈述的行为均属于会导致立即辞退的违纪行为。上述规章制度在实施前经过该公司工会沟通会议讨论。

郑某与自动化公司签订的劳动合同约定郑某确认并同意公司现有的《员工手册》及《商业行为准则》等规章制度作为本合同的组成部分。《员工手册》修改后，郑某再次签署确认书，表示已阅读、明白并愿接受2017年版《员工手册》内容，愿恪守公司政策作为在自动化公司工作的前提条件。

2018年8月30日，郑某因认为下属女职工任某与郑某上级邓某（已婚）之间的关系有点僵，为“疏解”二人关系而找任某谈话。郑某提到昨天观察到邓某跟任某说了一句话，而任某没有回答，其还专门跑到任某处帮忙打圆场。任某提及其在刚入职时曾向郑某出示过间接上级邓某发送的性骚扰微信记录截屏，郑某当时对此答复“我就是不想掺和这个事”“我往后不想再回答你后面的事情”“我是觉得有点怪，我也不敢问”。谈话中，任某强调邓某是在对其进行性骚扰，邓某要求与其发展男女关系，并在其拒绝后继续不停骚扰，郑某不应责怪其不搭理邓某，也不要替邓某来对其进行敲打。郑某则表示“你如果这样干工作的话，让我很难过”“你越端着，他越觉得我要把你怎么样”“他这么直接，要是我的话，先靠近你，摸摸看，然后聊聊天”。

后至2018年11月，郑某以任某不合群等为由向自动化公司人事部提出与任某解除劳动合同，但未能说明解除任某劳动合同的合理依据。人事部为此找任某了解情况。任某告知人事部其被间接上级邓某骚扰，郑某有意无意撮合其和邓某，其因拒绝骚扰行为而受到打击报复。自动化公司为此展开调查。

2019年1月15日，自动化公司对郑某进行调查，并制作了调查笔录。郑某未在调查笔录上签字，但对笔录记载的其对公司询问所做答复做了诸多修改。对于调查笔录中有无女员工向郑某反映邓某跟其说过一些不合适的话、对其进行性骚扰的提问所记录的“没有”的答复，郑某未作修改。

2019年1月31日，自动化公司出具《单方面解除函》，以郑某未尽经理职责，在下属反映遭受间接上级骚扰后没有采取任何措施帮助下属不再继续遭受骚扰，反而对下属进行打击报复，在调查过程中就上述事实做虚假陈述为由，与郑某解除劳动合同。

2019年7月22日，郑某向劳动争议仲裁委员会申请仲裁，要求自动化公司支付违法解除劳动合同赔偿金368130元。该请求未得到仲裁裁决支持。郑某不服，以相同请求诉至法院。

【裁判结果】

法院判决：驳回郑某的诉讼请求。

郑某不服一审判决，提起上诉。二审法院判决：驳回上诉，维持原判。

法院生效裁判认为，本案争议焦点在于：1. 自动化公司据以解除郑某劳动合同的《员工手册》和《商业行为准则》对郑某有无约束力；2. 郑某是否存在足以解除劳动合同的严重违纪行为。

关于争议焦点一，自动化公司据以解除郑某劳动合同的《员工手册》和《商业行为准则》对郑某有无约束力。在案证据显示，郑某持有异议的自动化公司 2017 年版《员工手册》《商业行为准则》分别于 2017 年 9 月、2014 年 12 月经自动化公司工会沟通会议进行讨论。郑某与自动化公司签订的劳动合同明确约定《员工手册》《商业行为准则》属于劳动合同的组成部分，郑某已阅读并理解和接受上述制度。在《员工手册》修订后，郑某亦再次签署确认书，确认已阅读、明白并愿接受 2017 年版《员工手册》，愿恪守公司政策作为在自动化公司工作的前提条件。在此情况下，自动化公司的《员工手册》《商业行为准则》应对郑某具有约束力。

关于争议焦点二，郑某是否存在足以解除劳动合同的严重违纪行为。一则，在案证据显示自动化公司建立有工作场所性骚扰防范培训机制，郑某亦接受过相关培训。自动化公司《商业行为准则》要求经理、主管等管理人员在下属提出担忧或问题时能够专业并及时帮助解决，不能进行打击报复。自动化公司 2017 年版《员工手册》还将违反公司《商业行为准则》的行为列为会导致立即辞退的严重违纪行为范围。现郑某虽称相关女职工未提供受到骚扰的切实证据，其无法判断骚扰行为的真伪、对错，但从郑某在 2018 年 8 月 30 日谈话录音中对相关女职工初入职时向其出示的微信截屏所做的“我是觉得有点怪，我也不敢问”“我就是不想掺和这个事”的评述看，郑某本人亦不认为相关微信内容系同事间的正常交流，且郑某在相关女职工反复强调间接上级一直对她进行骚扰时，未见郑某积极应对帮助解决，反而说“他这么直接，要是我的话，先靠近你，摸摸看，然后聊聊天”。所为皆为积极促成自己的下级与上级发展不正当关系。郑某的行为显然有悖其作为自动化公司部门主管应尽之职责，其相关答复内容亦有违公序良俗。此外，依据郑某自述，其在 2018 年 8 月 30 日谈话后应已明确知晓相关女职工与间接上级关系不好的原因，但郑某不仅未采取积极措施，反而认为相关女职工处理不当。在任某明确表示对郑某性骚扰的抗拒后，郑某于 2018 年 11 月中旬向人事经理提出任某性格不合群，希望公司能解除与任某的劳动合同，据此自动化公司主张郑某对相关女职工进行打击报复，亦属合理推断。二则，自动化公司 2017 年版《员工手册》明确规定在公司内部调查中做虚假陈述的行为属于会导致立即辞退的严重违纪行为。

自动化公司提供的2019年1月15日调查笔录显示郑某在调查过程中存在虚假陈述情况。郑某虽称该调查笔录没有按照其所述内容记录，其不被允许修改很多内容，但此主张与郑某对该调查笔录中诸多问题的答复都进行过修改的事实相矛盾，法院对此不予采信。该调查笔录可以作为认定郑某存在虚假陈述的判断依据。

综上，郑某提出的各项上诉理由难以成为其上诉主张成立的依据。自动化公司主张郑某存在严重违纪行为，依据充分，不构成违法解除劳动合同。对郑某要求自动化公司支付违法解除劳动合同赔偿金368130元的上诉请求，不予支持。

相关案例

2. 司法机关依法严惩王某某地铁"咸猪手"强制猥亵案[①]

【基本案情】

2019年7月1日18时23分，王某某在某市轨道交

① 参见中国妇女网，http://www.cnwomen.com.cn/2019/11/28/99182618.html，2023年2月24日访问。

通列车车厢内，紧贴坐在一名女性未成年人左侧，左手搭在自己右臂并持续触摸该女子胸部等部位。其间，该女子通过挪动座位、身体前倾后仰的方式予以躲避，王某某仍然继续紧贴并实施触摸行为。18 时 31 分许，王某某以同样方法触摸另一名女子的胸部，被该女子当场察觉并质问，王某某在逃跑途中被扭送至公安机关。

检察院提前介入案件，在犯罪嫌疑人拒不供述的情况下，仔细核实证据、反复阅看案发时段监控录像，引导公安机关侦查取证，于 8 月 26 日以涉嫌强制猥亵罪对王某某批准逮捕。9 月 16 日，公安局移送审查起诉犯罪嫌疑人王某某强制猥亵罪一案。经审查，上检察院决定依法提起公诉。

10 月 15 日，法院不公开审理该案，王某某及其辩护人对指控的犯罪事实和证据均没有异议，并自愿认罪认罚。法院当庭宣判，对王某某以强制猥亵罪判处有期徒刑六个月。现判决已生效。

【典型意义】

本案是某市首例因公共交通性骚扰而受到刑事处罚的案件，改变了“咸猪手”行为最多依据治安管理处罚法予以行政拘留、得不到刑罚惩处的公众印象，展示了国家司法机关严厉打击公共交通工具内侵害妇女权益违法犯罪行为的鲜明态度和坚定立场，起到了应有的震慑作用，提升了群众的安全感，受到社会各界充分肯定和广泛赞誉。

本案适用的罪名是强制猥亵罪，《中华人民共和国刑法》第二百三十七条规定："以暴力、胁迫或者其他方法强制猥亵他人或者侮辱妇女的，处五年以下有期徒刑或者拘役。聚众或者在公共场所当众犯前款罪的，或者有其他恶劣情节的，处五年以上有期徒刑。"王某某利用地铁车厢拥挤、违法行为不易察觉的客观条件，以及被害女性当众羞于反抗的心理，先后对两名女性强行实施猥亵行为，且其中一名受害人为未成年人，其行为已达到《中华人民共和国刑法》规定的强制猥亵程度，具有较大的社会危害性。在案件办理过程中，检方积极履职、提前介入指导取证工作，警方积极调取保留证据，法院综合考虑作案时间、地点、作案次数、持续时间、被害人未成年等因素，以强制猥亵罪准确定罪量刑，多方密切配合使得"咸猪手"终难逃刑法的恢恢之网。此外，本案的两位受害人积极配合作证，其中一名及时报警、发声制止并把犯罪嫌疑人扭送到公安机关，为案件的侦破和违法行为的追究也发挥了非常重要的作用。宣传本案的意义，第一在于展示国家严厉打击任何领域侵害妇女儿童权益，特别是女童权益的违法犯罪行为的鲜明态度和坚定立场，适用《中华人民共和国刑法》精准打击公共场所性骚扰，支持各级司法机关在惩治侵害妇女儿童违法犯罪过程中发挥更大的作用；第二在于鼓励广大女性面对性骚扰等违法行为侵害时，不做“沉默的羔羊”，要勇敢发声制止，及时主动向公安机关报案、作证，维护自身的合法权益。

附录：相关法律法规

中华人民共和国妇女权益保障法

（1992年4月3日第七届全国人民代表大会第五次会议通过　根据2005年8月28日第十届全国人民代表大会常务委员会第十七次会议《关于修改〈中华人民共和国妇女权益保障法〉的决定》第一次修正　根据2018年10月26日第十三届全国人民代表大会常务委员会第六次会议《关于修改〈中华人民共和国野生动物保护法〉等十五部法律的决定》第二次修正　2022年10月30日第十三届全国人民代表大会常务委员会第三十七次会议修订　2022年10月30日中华人民共和国主席令第122号公布　自2023年1月1日起施行）

目　　录

第一章 总　　则

第一条 为了保障妇女的合法权益，促进男女平等和妇女全面发展，充分发挥妇女在全面建设社会主义现代化国家中的作用，弘扬社会主义核心价值观，根据宪法，制定本法。

第二条 男女平等是国家的基本国策。妇女在政治的、经济的、文化的、社会的和家庭的生活等各方面享有同男子平等的权利。

国家采取必要措施，促进男女平等，消除对妇女一切形式的歧视，禁止排斥、限制妇女依法享有和行使各项权益。

国家保护妇女依法享有的特殊权益。

第三条 坚持中国共产党对妇女权益保障工作的领导，建立政府主导、各方协同、社会参与的保障妇女权益工作机制。

各级人民政府应当重视和加强妇女权益的保障工作。

县级以上人民政府负责妇女儿童工作的机构，负责组织、协调、指导、督促有关部门做好妇女权益的保障工作。

县级以上人民政府有关部门在各自的职责范围内做好妇女权益的保障工作。

第四条 保障妇女的合法权益是全社会的共同责任。国家机关、社会团体、企业事业单位、基层群众性自治组织以及其他组织和个人，应当依法保障妇女的权益。

国家采取有效措施，为妇女依法行使权利提供必要的条件。

第五条 国务院制定和组织实施中国妇女发展纲要，将其纳入国民经济和社会发展规划，保障和促进妇女在各领域的全面发展。

县级以上地方各级人民政府根据中国妇女发展纲要，制定和组织实施本行政区域的妇女发展规划，将其纳入国民经济和社会发展规划。

县级以上人民政府应当将妇女权益保障所需经费列入本级预算。

第六条 中华全国妇女联合会和地方各级妇女联合会依照法律和中华全国妇女联合会章程，代表和维护各族各界妇女的利益，做好维护妇女权益、促进男女平等和妇女全面发展的工作。

工会、共产主义青年团、残疾人联合会等群团组织应当在各自的工作范围内，做好维护妇女权益的工作。

第七条 国家鼓励妇女自尊、自信、自立、自强，运用法律维护自身合法权益。

妇女应当遵守国家法律，尊重社会公德、职业道德和家庭美德，履行法律所规定的义务。

第八条　有关机关制定或者修改涉及妇女权益的法律、法规、规章和其他规范性文件，应当听取妇女联合会的意见，充分考虑妇女的特殊权益，必要时开展男女平等评估。

第九条　国家建立健全妇女发展状况统计调查制度，完善性别统计监测指标体系，定期开展妇女发展状况和权益保障统计调查和分析，发布有关信息。

第十条　国家将男女平等基本国策纳入国民教育体系，开展宣传教育，增强全社会的男女平等意识，培育尊重和关爱妇女的社会风尚。

第十一条　国家对保障妇女合法权益成绩显著的组织和个人，按照有关规定给予表彰和奖励。

第二章　政治权利

第十二条　国家保障妇女享有与男子平等的政治权利。

第十三条　妇女有权通过各种途径和形式，依法参与管理国家事务、管理经济和文化事业、管理社会事务。

妇女和妇女组织有权向各级国家机关提出妇女权益保障方面的意见和建议。

第十四条　妇女享有与男子平等的选举权和被选举权。

全国人民代表大会和地方各级人民代表大会的代表中，应当保证有适当数量的妇女代表。国家采取措施，逐步提高全国人民代表大会和地方各级人民代表大会的妇女代表的比例。

居民委员会、村民委员会成员中，应当保证有适当数量的妇女成员。

第十五条　国家积极培养和选拔女干部，重视培养和选拔少数民族女干部。

国家机关、群团组织、企业事业单位培养、选拔和任用干部，应当坚持男女平等的原则，并有适当数量的妇女担任领导成员。

妇女联合会及其团体会员，可以向国家机关、群团组织、企业事业单位推荐女干部。

国家采取措施支持女性人才成长。

第十六条　妇女联合会代表妇女积极参与国家和社会事务的民主协商、民主决策、民主管理和民主监督。

第十七条　对于有关妇女权益保障工作的批评或者合理可行的建议，有关部门应当听取和采纳；对于有关侵害妇女权益的申诉、控告和检举，有关部门应当查清事实，负责处理，任何组织和个人不得压制或者打击报复。

第三章　人身和人格权益

第十八条　国家保障妇女享有与男子平等的人身和人格权益。

第十九条　妇女的人身自由不受侵犯。禁止非法拘禁和以其他非法手段剥夺或者限制妇女的人身自由；禁止非法搜查妇女的身体。

第二十条 妇女的人格尊严不受侵犯。禁止用侮辱、诽谤等方式损害妇女的人格尊严。

第二十一条 妇女的生命权、身体权、健康权不受侵犯。禁止虐待、遗弃、残害、买卖以及其他侵害女性生命健康权益的行为。

禁止进行非医学需要的胎儿性别鉴定和选择性别的人工终止妊娠。

医疗机构施行生育手术、特殊检查或者特殊治疗时，应当征得妇女本人同意；在妇女与其家属或者关系人意见不一致时，应当尊重妇女本人意愿。

第二十二条 禁止拐卖、绑架妇女；禁止收买被拐卖、绑架的妇女；禁止阻碍解救被拐卖、绑架的妇女。

各级人民政府和公安、民政、人力资源和社会保障、卫生健康等部门及村民委员会、居民委员会按照各自的职责及时发现报告，并采取措施解救被拐卖、绑架的妇女，做好被解救妇女的安置、救助和关爱等工作。妇女联合会协助和配合做好有关工作。任何组织和个人不得歧视被拐卖、绑架的妇女。

第二十三条 禁止违背妇女意愿，以言语、文字、图像、肢体行为等方式对其实施性骚扰。

受害妇女可以向有关单位和国家机关投诉。接到投诉的有关单位和国家机关应当及时处理，并书面告知处理结果。

受害妇女可以向公安机关报案，也可以向人民法院提起民事诉讼，依法请求行为人承担民事责任。

第二十四条 学校应当根据女学生的年龄阶段，进行生理卫生、心理健康和自我保护教育，在教育、管理、设施等方面采取措施，提高其防范性侵害、性骚扰的自我保护意识和能力，保障女学生的人身安全和身心健康发展。

学校应当建立有效预防和科学处置性侵害、性骚扰的工作制度。对性侵害、性骚扰女学生的违法犯罪行为，学校不得隐瞒，应当及时通知受害未成年女学生的父母或者其他监护人，向公安机关、教育行政部门报告，并配合相关部门依法处理。

对遭受性侵害、性骚扰的女学生，学校、公安机关、教育行政部门等相关单位和人员应当保护其隐私和个人信息，并提供必要的保护措施。

第二十五条 用人单位应当采取下列措施预防和制止对妇女的性骚扰：

（一）制定禁止性骚扰的规章制度；

（二）明确负责机构或者人员；

（三）开展预防和制止性骚扰的教育培训活动；

（四）采取必要的安全保卫措施；

（五）设置投诉电话、信箱等，畅通投诉渠道；

（六）建立和完善调查处置程序，及时处置纠纷并保护当事人隐私和个人信息；

（七）支持、协助受害妇女依法维权，必要时为受害妇女提供心理疏导；

（八）其他合理的预防和制止性骚扰措施。

第二十六条　住宿经营者应当及时准确登记住宿人员信息，健全住宿服务规章制度，加强安全保障措施；发现可能侵害妇女权益的违法犯罪行为，应当及时向公安机关报告。

第二十七条　禁止卖淫、嫖娼；禁止组织、强迫、引诱、容留、介绍妇女卖淫或者对妇女进行猥亵活动；禁止组织、强迫、引诱、容留、介绍妇女在任何场所或者利用网络进行淫秽表演活动。

第二十八条　妇女的姓名权、肖像权、名誉权、荣誉权、隐私权和个人信息等人格权益受法律保护。

媒体报道涉及妇女事件应当客观、适度，不得通过夸大事实、过度渲染等方式侵害妇女的人格权益。

禁止通过大众传播媒介或者其他方式贬低损害妇女人格。未经本人同意，不得通过广告、商标、展览橱窗、报纸、期刊、图书、音像制品、电子出版物、网络等形式使用妇女肖像，但法律另有规定的除外。

第二十九条　禁止以恋爱、交友为由或者在终止恋爱关系、离婚之后，纠缠、骚扰妇女，泄露、传播妇女隐私和个人信息。

妇女遭受上述侵害或者面临上述侵害现实危险的，可以向人民法院申请人身安全保护令。

第三十条 国家建立健全妇女健康服务体系，保障妇女享有基本医疗卫生服务，开展妇女常见病、多发病的预防、筛查和诊疗，提高妇女健康水平。

国家采取必要措施，开展经期、孕期、产期、哺乳期和更年期的健康知识普及、卫生保健和疾病防治，保障妇女特殊生理时期的健康需求，为有需要的妇女提供心理健康服务支持。

第三十一条 县级以上地方人民政府应当设立妇幼保健机构，为妇女提供保健以及常见病防治服务。

国家鼓励和支持社会力量通过依法捐赠、资助或者提供志愿服务等方式，参与妇女卫生健康事业，提供安全的生理健康用品或者服务，满足妇女多样化、差异化的健康需求。

用人单位应当定期为女职工安排妇科疾病、乳腺疾病检查以及妇女特殊需要的其他健康检查。

第三十二条 妇女依法享有生育子女的权利，也有不生育子女的自由。

第三十三条 国家实行婚前、孕前、孕产期和产后保健制度，逐步建立妇女全生育周期系统保健制度。医疗保健机构应当提供安全、有效的医疗保健服务，保障妇女生育安全和健康。

有关部门应当提供安全、有效的避孕药具和技术，保障妇女的健康和安全。

第三十四条　各级人民政府在规划、建设基础设施时，应当考虑妇女的特殊需求，配备满足妇女需要的公共厕所和母婴室等公共设施。

第四章　文化教育权益

第三十五条　国家保障妇女享有与男子平等的文化教育权利。

第三十六条　父母或者其他监护人应当履行保障适龄女性未成年人接受并完成义务教育的义务。

对无正当理由不送适龄女性未成年人入学的父母或者其他监护人，由当地乡镇人民政府或者县级人民政府教育行政部门给予批评教育，依法责令其限期改正。居民委员会、村民委员会应当协助政府做好相关工作。

政府、学校应当采取有效措施，解决适龄女性未成年人就学存在的实际困难，并创造条件，保证适龄女性未成年人完成义务教育。

第三十七条　学校和有关部门应当执行国家有关规定，保障妇女在入学、升学、授予学位、派出留学、就业指导和服务等方面享有与男子平等的权利。

学校在录取学生时，除国家规定的特殊专业外，不得以性别为由拒绝录取女性或者提高对女性的录取标准。

各级人民政府应当采取措施，保障女性平等享有接受中高等教育的权利和机会。

第三十八条　各级人民政府应当依照规定把扫除妇女中的文盲、半文盲工作，纳入扫盲和扫盲后继续教育规划，采取符合妇女特点的组织形式和工作方法，组织、监督有关部门具体实施。

第三十九条　国家健全全民终身学习体系，为妇女终身学习创造条件。

各级人民政府和有关部门应当采取措施，根据城镇和农村妇女的需要，组织妇女接受职业教育和实用技术培训。

第四十条　国家机关、社会团体和企业事业单位应当执行国家有关规定，保障妇女从事科学、技术、文学、艺术和其他文化活动，享有与男子平等的权利。

第五章　劳动和社会保障权益

第四十一条　国家保障妇女享有与男子平等的劳动权利和社会保障权利。

第四十二条　各级人民政府和有关部门应当完善就业保障政策措施，防止和纠正就业性别歧视，为妇女创造公平的就业创业环境，为就业困难的妇女提供必要的扶持和援助。

第四十三条　用人单位在招录（聘）过程中，除国家另有规定外，不得实施下列行为：

（一）限定为男性或者规定男性优先；

（二）除个人基本信息外，进一步询问或者调查女性求职者的婚育情况；

（三）将妊娠测试作为入职体检项目；

（四）将限制结婚、生育或者婚姻、生育状况作为录（聘）用条件；

（五）其他以性别为由拒绝录（聘）用妇女或者差别化地提高对妇女录（聘）用标准的行为。

第四十四条 用人单位在录（聘）用女职工时，应当依法与其签订劳动（聘用）合同或者服务协议，劳动（聘用）合同或者服务协议中应当具备女职工特殊保护条款，并不得规定限制女职工结婚、生育等内容。

职工一方与用人单位订立的集体合同中应当包含男女平等和女职工权益保护相关内容，也可以就相关内容制定专章、附件或者单独订立女职工权益保护专项集体合同。

第四十五条 实行男女同工同酬。妇女在享受福利待遇方面享有与男子平等的权利。

第四十六条 在晋职、晋级、评聘专业技术职称和职务、培训等方面，应当坚持男女平等的原则，不得歧视妇女。

第四十七条 用人单位应当根据妇女的特点，依法保护妇女在工作和劳动时的安全、健康以及休息的权利。

妇女在经期、孕期、产期、哺乳期受特殊保护。

第四十八条 用人单位不得因结婚、怀孕、产假、哺乳等情形，降低女职工的工资和福利待遇，限制女职工晋职、晋级、评聘专业技术职称和职务，辞退女职工，单方解除劳动（聘用）合同或者服务协议。

女职工在怀孕以及依法享受产假期间，劳动（聘用）合同或者服务协议期满的，劳动（聘用）合同或者服务协议期限自动延续至产假结束。但是，用人单位依法解除、终止劳动（聘用）合同、服务协议，或者女职工依法要求解除、终止劳动（聘用）合同、服务协议的除外。

用人单位在执行国家退休制度时，不得以性别为由歧视妇女。

第四十九条 人力资源和社会保障部门应当将招聘、录取、晋职、晋级、评聘专业技术职称和职务、培训、辞退等过程中的性别歧视行为纳入劳动保障监察范围。

第五十条 国家发展社会保障事业，保障妇女享有社会保险、社会救助和社会福利等权益。

国家提倡和鼓励为帮助妇女而开展的社会公益活动。

第五十一条 国家实行生育保险制度，建立健全婴幼儿托育服务等与生育相关的其他保障制度。

国家建立健全职工生育休假制度，保障孕产期女职工依法享有休息休假权益。

地方各级人民政府和有关部门应当按照国家有关规定，为符合条件的困难妇女提供必要的生育救助。

第五十二条 各级人民政府和有关部门应当采取必要措施，加强贫困妇女、老龄妇女、残疾妇女等困难妇女的权益保障，按照有关规定为其提供生活帮扶、就业创业支持等关爱服务。

第六章 财 产 权 益

第五十三条 国家保障妇女享有与男子平等的财产权利。

第五十四条 在夫妻共同财产、家庭共有财产关系中，不得侵害妇女依法享有的权益。

第五十五条 妇女在农村集体经济组织成员身份确认、土地承包经营、集体经济组织收益分配、土地征收补偿安置或者征用补偿以及宅基地使用等方面，享有与男子平等的权利。

申请农村土地承包经营权、宅基地使用权等不动产登记，应当在不动产登记簿和权属证书上将享有权利的妇女等家庭成员全部列明。征收补偿安置或者征用补偿协议应当将享有相关权益的妇女列入，并记载权益内容。

第五十六条 村民自治章程、村规民约，村民会议、村民代表会议的决定以及其他涉及村民利益事项的决定，不得以妇女未婚、结婚、离婚、丧偶、户无男性等为由，侵害妇女在农村集体经济组织中的各项权益。

因结婚男方到女方住所落户的，男方和子女享有与所在地农村集体经济组织成员平等的权益。

第五十七条 国家保护妇女在城镇集体所有财产关系中的权益。妇女依照法律、法规的规定享有相关权益。

第五十八条 妇女享有与男子平等的继承权。妇女依法行使继承权，不受歧视。

丧偶妇女有权依法处分继承的财产，任何组织和个人不得干涉。

第五十九条 丧偶儿媳对公婆尽了主要赡养义务的，作为第一顺序继承人，其继承权不受子女代位继承的影响。

第七章 婚姻家庭权益

第六十条 国家保障妇女享有与男子平等的婚姻家庭权利。

第六十一条 国家保护妇女的婚姻自主权。禁止干涉妇女的结婚、离婚自由。

第六十二条 国家鼓励男女双方在结婚登记前，共同进行医学检查或者相关健康体检。

第六十三条 婚姻登记机关应当提供婚姻家庭辅导服务，引导当事人建立平等、和睦、文明的婚姻家庭关系。

第六十四条 女方在怀孕期间、分娩后一年内或者终止妊娠后六个月内，男方不得提出离婚；但是，女方提出离婚或者人民法院认为确有必要受理男方离婚请求的除外。

第六十五条 禁止对妇女实施家庭暴力。

县级以上人民政府有关部门、司法机关、社会团体、企业事业单位、基层群众性自治组织以及其他组织，应当在各自的职责范围内预防和制止家庭暴力，依法为受害妇女提供救助。

第六十六条 妇女对夫妻共同财产享有与其配偶平等的占有、使用、收益和处分的权利，不受双方收入状况等情形的影响。

对夫妻共同所有的不动产以及可以联名登记的动产，女方有权要求在权属证书上记载其姓名；认为记载的权利人、标的物、权利比例等事项有错误的，有权依法申请更正登记或者异议登记，有关机构应当按照其申请依法办理相应登记手续。

第六十七条 离婚诉讼期间，夫妻一方申请查询登记在对方名下财产状况且确因客观原因不能自行收集的，人民法院应当进行调查取证，有关部门和单位应当予以协助。

离婚诉讼期间，夫妻双方均有向人民法院申报全部夫妻共同财产的义务。一方隐藏、转移、变卖、损毁、挥霍夫妻共同财产，或者伪造夫妻共同债务企图侵占另一方财产的，在离婚分割夫妻共同财产时，对该方可以少分或者不分财产。

第六十八条 夫妻双方应当共同负担家庭义务，共同照顾家庭生活。

女方因抚育子女、照料老人、协助男方工作等负担较多义务的，有权在离婚时要求男方予以补偿。补偿办法由双方协议确定；协议不成的，可以向人民法院提起诉讼。

第六十九条 离婚时，分割夫妻共有的房屋或者处理夫妻共同租住的房屋，由双方协议解决；协议不成的，可以向人民法院提起诉讼。

第七十条 父母双方对未成年子女享有平等的监护权。

父亲死亡、无监护能力或者有其他情形不能担任未成年子女的监护人的，母亲的监护权任何组织和个人不得干涉。

第七十一条 女方丧失生育能力的，在离婚处理子女抚养问题时，应当在最有利于未成年子女的条件下，优先考虑女方的抚养要求。

第八章 救济措施

第七十二条 对侵害妇女合法权益的行为，任何组织和个人都有权予以劝阻、制止或者向有关部门提出控告或者检举。有关部门接到控告或者检举后，应当依法及时处理，并为控告人、检举人保密。

妇女的合法权益受到侵害的，有权要求有关部门依法处理，或者依法申请调解、仲裁，或者向人民法院起诉。

对符合条件的妇女，当地法律援助机构或者司法机关应当给予帮助，依法为其提供法律援助或者司法救助。

第七十三条 妇女的合法权益受到侵害的，可以向妇女联合会等妇女组织求助。妇女联合会等妇女组织应当维护被侵害妇女的合法权益，有权要求并协助有关部门或者单位查处。有关部门或者单位应当依法查处，并予以答复；不予处理或者处理不当的，县级以上人民政府负责妇女儿童工作的机构、妇女联合会可以向其提出督促处理意见，必要时可以提请同级人民政府开展督查。

受害妇女进行诉讼需要帮助的，妇女联合会应当给予支持和帮助。

第七十四条　用人单位侵害妇女劳动和社会保障权益的，人力资源和社会保障部门可以联合工会、妇女联合会约谈用人单位，依法进行监督并要求其限期纠正。

第七十五条　妇女在农村集体经济组织成员身份确认等方面权益受到侵害的，可以申请乡镇人民政府等进行协调，或者向人民法院起诉。

乡镇人民政府应当对村民自治章程、村规民约，村民会议、村民代表会议的决定以及其他涉及村民利益事项的决定进行指导，对其中违反法律、法规和国家政策规定，侵害妇女合法权益的内容责令改正；受侵害妇女向农村土地承包仲裁机构申请仲裁或者向人民法院起诉的，农村土地承包仲裁机构或者人民法院应当依法受理。

第七十六条　县级以上人民政府应当开通全国统一的妇女权益保护服务热线，及时受理、移送有关侵害妇女合法权益的投诉、举报；有关部门或者单位接到投诉、举报后，应当及时予以处置。

鼓励和支持群团组织、企业事业单位、社会组织和个人参与建设妇女权益保护服务热线，提供妇女权益保护方面的咨询、帮助。

第七十七条　侵害妇女合法权益，导致社会公共利益受损的，检察机关可以发出检察建议；有下列情形之一的，检察机关可以依法提起公益诉讼：

（一）确认农村妇女集体经济组织成员身份时侵害妇女权益或者侵害妇女享有的农村土地承包和集体收益、土地征收征用补偿分配权益和宅基地使用权益；

（二）侵害妇女平等就业权益；

（三）相关单位未采取合理措施预防和制止性骚扰；

（四）通过大众传播媒介或者其他方式贬低损害妇女人格；

（五）其他严重侵害妇女权益的情形。

第七十八条　国家机关、社会团体、企业事业单位对侵害妇女权益的行为，可以支持受侵害的妇女向人民法院起诉。

第九章　法律责任

第七十九条　违反本法第二十二条第二款规定，未履行报告义务的，依法对直接负责的主管人员和其他直接责任人员给予处分。

第八十条　违反本法规定，对妇女实施性骚扰的，由公安机关给予批评教育或者出具告诫书，并由所在单位依法给予处分。

学校、用人单位违反本法规定，未采取必要措施预防和制止性骚扰，造成妇女权益受到侵害或者社会影响恶劣的，由上级机关或者主管部门责令改正；拒不改正或者情节严重的，依法对直接负责的主管人员和其他直接责任人员给予处分。

第八十一条 违反本法第二十六条规定，未履行报告等义务的，依法给予警告、责令停业整顿或者吊销营业执照、吊销相关许可证，并处一万元以上五万元以下罚款。

第八十二条 违反本法规定，通过大众传播媒介或者其他方式贬低损害妇女人格的，由公安、网信、文化旅游、广播电视、新闻出版或者其他有关部门依据各自的职权责令改正，并依法给予行政处罚。

第八十三条 用人单位违反本法第四十三条和第四十八条规定的，由人力资源和社会保障部门责令改正；拒不改正或者情节严重的，处一万元以上五万元以下罚款。

第八十四条 违反本法规定，对侵害妇女权益的申诉、控告、检举，推诿、拖延、压制不予查处，或者对提出申诉、控告、检举的人进行打击报复的，依法责令改正，并对直接负责的主管人员和其他直接责任人员给予处分。

国家机关及其工作人员未依法履行职责，对侵害妇女权益的行为未及时制止或者未给予受害妇女必要帮助，造成严重后果的，依法对直接负责的主管人员和其他直接责任人员给予处分。

违反本法规定，侵害妇女人身和人格权益、文化教育权益、劳动和社会保障权益、财产权益以及婚姻家庭权益的，依法责令改正，直接负责的主管人员和其他直接责任人员属于国家工作人员的，依法给予处分。

第八十五条　违反本法规定，侵害妇女的合法权益，其他法律、法规规定行政处罚的，从其规定；造成财产损失或者人身损害的，依法承担民事责任；构成犯罪的，依法追究刑事责任。

第十章　附　　则

第八十六条　本法自 2023 年 1 月 1 日起施行。

中华人民共和国民法典（节录）

（2020年5月28日第十三届全国人民代表大会第三次会议通过　2020年5月28日中华人民共和国主席令第45号公布　自2021年1月1日起施行）

……

第五编　婚姻家庭

第一章　一般规定

第一千零四十条　本编调整因婚姻家庭产生的民事关系。

第一千零四十一条　婚姻家庭受国家保护。

实行婚姻自由、一夫一妻、男女平等的婚姻制度。

保护妇女、未成年人、老年人、残疾人的合法权益。

第一千零四十二条　禁止包办、买卖婚姻和其他干涉婚姻自由的行为。禁止借婚姻索取财物。

禁止重婚。禁止有配偶者与他人同居。

禁止家庭暴力。禁止家庭成员间的虐待和遗弃。

第一千零四十三条　家庭应当树立优良家风，弘扬家庭美德，重视家庭文明建设。

夫妻应当互相忠实，互相尊重，互相关爱；家庭成员应当敬老爱幼，互相帮助，维护平等、和睦、文明的婚姻家庭关系。

第一千零四十四条　收养应当遵循最有利于被收养人的原则，保障被收养人和收养人的合法权益。

禁止借收养名义买卖未成年人。

第一千零四十五条　亲属包括配偶、血亲和姻亲。

配偶、父母、子女、兄弟姐妹、祖父母、外祖父母、孙子女、外孙子女为近亲属。

配偶、父母、子女和其他共同生活的近亲属为家庭成员。

第二章　结　婚

第一千零四十六条　结婚应当男女双方完全自愿，禁止任何一方对另一方加以强迫，禁止任何组织或者个人加以干涉。

第一千零四十七条　结婚年龄，男不得早于二十二周岁，女不得早于二十周岁。

第一千零四十八条　直系血亲或者三代以内的旁系血亲禁止结婚。

第一千零四十九条　要求结婚的男女双方应当亲自到婚姻登记机关申请结婚登记。符合本法规定的，予以登记，发给结婚证。完成结婚登记，即确立婚姻关系。未办理结婚登记的，应当补办登记。

第一千零五十条 登记结婚后，按照男女双方约定，女方可以成为男方家庭的成员，男方可以成为女方家庭的成员。

第一千零五十一条 有下列情形之一的，婚姻无效：

（一）重婚；

（二）有禁止结婚的亲属关系；

（三）未到法定婚龄。

第一千零五十二条 因胁迫结婚的，受胁迫的一方可以向人民法院请求撤销婚姻。

请求撤销婚姻的，应当自胁迫行为终止之日起一年内提出。

被非法限制人身自由的当事人请求撤销婚姻的，应当自恢复人身自由之日起一年内提出。

第一千零五十三条 一方患有重大疾病的，应当在结婚登记前如实告知另一方；不如实告知的，另一方可以向人民法院请求撤销婚姻。

请求撤销婚姻的，应当自知道或者应当知道撤销事由之日起一年内提出。

第一千零五十四条 无效的或者被撤销的婚姻自始没有法律约束力，当事人不具有夫妻的权利和义务。同居期间所得的财产，由当事人协议处理；协议不成的，由人民法院根据照顾无过错方的原则判决。对重婚导致的无效婚姻的财产处理，不得侵害合法婚姻当事人的财产权益。当事人所生的子女，适用本法关于父母子女的规定。

婚姻无效或者被撤销的，无过错方有权请求损害赔偿。

第三章 家庭关系

第一节 夫妻关系

第一千零五十五条 夫妻在婚姻家庭中地位平等。

第一千零五十六条 夫妻双方都有各自使用自己姓名的权利。

第一千零五十七条 夫妻双方都有参加生产、工作、学习和社会活动的自由，一方不得对另一方加以限制或者干涉。

第一千零五十八条 夫妻双方平等享有对未成年子女抚养、教育和保护的权利，共同承担对未成年子女抚养、教育和保护的义务。

第一千零五十九条 夫妻有相互扶养的义务。

需要扶养的一方，在另一方不履行扶养义务时，有要求其给付扶养费的权利。

第一千零六十条 夫妻一方因家庭日常生活需要而实施的民事法律行为，对夫妻双方发生效力，但是夫妻一方与相对人另有约定的除外。

夫妻之间对一方可以实施的民事法律行为范围的限制，不得对抗善意相对人。

第一千零六十一条 夫妻有相互继承遗产的权利。

第一千零六十二条 夫妻在婚姻关系存续期间所得的下列财产，为夫妻的共同财产，归夫妻共同所有：

（一）工资、奖金、劳务报酬；

（二）生产、经营、投资的收益；

（三）知识产权的收益；

（四）继承或者受赠的财产，但是本法第一千零六十三条第三项规定的除外；

（五）其他应当归共同所有的财产。

夫妻对共同财产，有平等的处理权。

第一千零六十三条 下列财产为夫妻一方的个人财产：

（一）一方的婚前财产；

（二）一方因受到人身损害获得的赔偿或者补偿；

（三）遗嘱或者赠与合同中确定只归一方的财产；

（四）一方专用的生活用品；

（五）其他应当归一方的财产。

第一千零六十四条 夫妻双方共同签名或者夫妻一方事后追认等共同意思表示所负的债务，以及夫妻一方在婚姻关系存续期间以个人名义为家庭日常生活需要所负的债务，属于夫妻共同债务。

夫妻一方在婚姻关系存续期间以个人名义超出家庭日常

生活需要所负的债务，不属于夫妻共同债务；但是，债权人能够证明该债务用于夫妻共同生活、共同生产经营或者基于夫妻双方共同意思表示的除外。

第一千零六十五条　男女双方可以约定婚姻关系存续期间所得的财产以及婚前财产归各自所有、共同所有或者部分各自所有、部分共同所有。约定应当采用书面形式。没有约定或者约定不明确的，适用本法第一千零六十二条、第一千零六十三条的规定。

夫妻对婚姻关系存续期间所得的财产以及婚前财产的约定，对双方具有法律约束力。

夫妻对婚姻关系存续期间所得的财产约定归各自所有，夫或者妻一方对外所负的债务，相对人知道该约定的，以夫或者妻一方的个人财产清偿。

第一千零六十六条　婚姻关系存续期间，有下列情形之一的，夫妻一方可以向人民法院请求分割共同财产：

（一）一方有隐藏、转移、变卖、毁损、挥霍夫妻共同财产或者伪造夫妻共同债务等严重损害夫妻共同财产利益的行为；

（二）一方负有法定扶养义务的人患重大疾病需要医治，另一方不同意支付相关医疗费用。

第二节　父母子女关系和其他近亲属关系

第一千零六十七条　父母不履行抚养义务的，未成年子女或者不能独立生活的成年子女，有要求父母给付抚养费的权利。

成年子女不履行赡养义务的，缺乏劳动能力或者生活困难的父母，有要求成年子女给付赡养费的权利。

第一千零六十八条 父母有教育、保护未成年子女的权利和义务。未成年子女造成他人损害的，父母应当依法承担民事责任。

第一千零六十九条 子女应当尊重父母的婚姻权利，不得干涉父母离婚、再婚以及婚后的生活。子女对父母的赡养义务，不因父母的婚姻关系变化而终止。

第一千零七十条 父母和子女有相互继承遗产的权利。

第一千零七十一条 非婚生子女享有与婚生子女同等的权利，任何组织或者个人不得加以危害和歧视。

不直接抚养非婚生子女的生父或者生母，应当负担未成年子女或者不能独立生活的成年子女的抚养费。

第一千零七十二条 继父母与继子女间，不得虐待或者歧视。

继父或者继母和受其抚养教育的继子女间的权利义务关系，适用本法关于父母子女关系的规定。

第一千零七十三条 对亲子关系有异议且有正当理由的，父或者母可以向人民法院提起诉讼，请求确认或者否认亲子关系。

对亲子关系有异议且有正当理由的，成年子女可以向人民法院提起诉讼，请求确认亲子关系。

第一千零七十四条　有负担能力的祖父母、外祖父母，对于父母已经死亡或者父母无力抚养的未成年孙子女、外孙子女，有抚养的义务。

有负担能力的孙子女、外孙子女，对于子女已经死亡或者子女无力赡养的祖父母、外祖父母，有赡养的义务。

第一千零七十五条　有负担能力的兄、姐，对于父母已经死亡或者父母无力抚养的未成年弟、妹，有扶养的义务。

由兄、姐扶养长大的有负担能力的弟、妹，对于缺乏劳动能力又缺乏生活来源的兄、姐，有扶养的义务。

第四章　离　　婚

第一千零七十六条　夫妻双方自愿离婚的，应当签订书面离婚协议，并亲自到婚姻登记机关申请离婚登记。

离婚协议应当载明双方自愿离婚的意思表示和对子女抚养、财产以及债务处理等事项协商一致的意见。

第一千零七十七条　自婚姻登记机关收到离婚登记申请之日起三十日内，任何一方不愿意离婚的，可以向婚姻登记机关撤回离婚登记申请。

前款规定期限届满后三十日内，双方应当亲自到婚姻登记机关申请发给离婚证；未申请的，视为撤回离婚登记申请。

第一千零七十八条　婚姻登记机关查明双方确实是自愿

离婚，并已经对子女抚养、财产以及债务处理等事项协商一致的，予以登记，发给离婚证。

第一千零七十九条　夫妻一方要求离婚的，可以由有关组织进行调解或者直接向人民法院提起离婚诉讼。

人民法院审理离婚案件，应当进行调解；如果感情确已破裂，调解无效的，应当准予离婚。

有下列情形之一，调解无效的，应当准予离婚：

（一）重婚或者与他人同居；

（二）实施家庭暴力或者虐待、遗弃家庭成员；

（三）有赌博、吸毒等恶习屡教不改；

（四）因感情不和分居满二年；

（五）其他导致夫妻感情破裂的情形。

一方被宣告失踪，另一方提起离婚诉讼的，应当准予离婚。

经人民法院判决不准离婚后，双方又分居满一年，一方再次提起离婚诉讼的，应当准予离婚。

第一千零八十条　完成离婚登记，或者离婚判决书、调解书生效，即解除婚姻关系。

第一千零八十一条　现役军人的配偶要求离婚，应当征得军人同意，但是军人一方有重大过错的除外。

第一千零八十二条　女方在怀孕期间、分娩后一年内或者终止妊娠后六个月内，男方不得提出离婚；但是，女方提出离婚或者人民法院认为确有必要受理男方离婚请求的除外。

第一千零八十三条　离婚后，男女双方自愿恢复婚姻关系的，应当到婚姻登记机关重新进行结婚登记。

第一千零八十四条　父母与子女间的关系，不因父母离婚而消除。离婚后，子女无论由父或者母直接抚养，仍是父母双方的子女。

离婚后，父母对于子女仍有抚养、教育、保护的权利和义务。

离婚后，不满两周岁的子女，以由母亲直接抚养为原则。已满两周岁的子女，父母双方对抚养问题协议不成的，由人民法院根据双方的具体情况，按照最有利于未成年子女的原则判决。子女已满八周岁的，应当尊重其真实意愿。

第一千零八十五条　离婚后，子女由一方直接抚养的，另一方应当负担部分或者全部抚养费。负担费用的多少和期限的长短，由双方协议；协议不成的，由人民法院判决。

前款规定的协议或者判决，不妨碍子女在必要时向父母任何一方提出超过协议或者判决原定数额的合理要求。

第一千零八十六条　离婚后，不直接抚养子女的父或者母，有探望子女的权利，另一方有协助的义务。

行使探望权利的方式、时间由当事人协议；协议不成的，由人民法院判决。

父或者母探望子女，不利于子女身心健康的，由人民法院依法中止探望；中止的事由消失后，应当恢复探望。

第一千零八十七条 离婚时，夫妻的共同财产由双方协议处理；协议不成的，由人民法院根据财产的具体情况，按照照顾子女、女方和无过错方权益的原则判决。

对夫或者妻在家庭土地承包经营中享有的权益等，应当依法予以保护。

第一千零八十八条 夫妻一方因抚育子女、照料老年人、协助另一方工作等负担较多义务的，离婚时有权向另一方请求补偿，另一方应当给予补偿。具体办法由双方协议；协议不成的，由人民法院判决。

第一千零八十九条 离婚时，夫妻共同债务应当共同偿还。共同财产不足清偿或者财产归各自所有的，由双方协议清偿；协议不成的，由人民法院判决。

第一千零九十条 离婚时，如果一方生活困难，有负担能力的另一方应当给予适当帮助。具体办法由双方协议；协议不成的，由人民法院判决。

第一千零九十一条 有下列情形之一，导致离婚的，无过错方有权请求损害赔偿：

（一）重婚；

（二）与他人同居；

（三）实施家庭暴力；

（四）虐待、遗弃家庭成员；

（五）有其他重大过错。

第一千零九十二条 夫妻一方隐藏、转移、变卖、毁损、挥霍夫妻共同财产，或者伪造夫妻共同债务企图侵占另一方财产的，在离婚分割夫妻共同财产时，对该方可以少分或者不分。离婚后，另一方发现有上述行为的，可以向人民法院提起诉讼，请求再次分割夫妻共同财产。

第五章　收　　养

第一节　收养关系的成立

第一千零九十三条　下列未成年人，可以被收养：

（一）丧失父母的孤儿；

（二）查找不到生父母的未成年人；

（三）生父母有特殊困难无力抚养的子女。

第一千零九十四条　下列个人、组织可以作送养人：

（一）孤儿的监护人；

（二）儿童福利机构；

（三）有特殊困难无力抚养子女的生父母。

第一千零九十五条　未成年人的父母均不具备完全民事行为能力且可能严重危害该未成年人的，该未成年人的监护人可以将其送养。

第一千零九十六条　监护人送养孤儿的，应当征得有抚养义务的人同意。有抚养义务的人不同意送养、监护人不愿意继续履行监护职责的，应当依照本法第一编的规定另行确定监护人。

第一千零九十七条 生父母送养子女，应当双方共同送养。生父母一方不明或者查找不到的，可以单方送养。

第一千零九十八条 收养人应当同时具备下列条件：

（一）无子女或者只有一名子女；

（二）有抚养、教育和保护被收养人的能力；

（三）未患有在医学上认为不应当收养子女的疾病；

（四）无不利于被收养人健康成长的违法犯罪记录；

（五）年满三十周岁。

第一千零九十九条 收养三代以内旁系同辈血亲的子女，可以不受本法第一千零九十三条第三项、第一千零九十四条第三项和第一千一百零二条规定的限制。

华侨收养三代以内旁系同辈血亲的子女，还可以不受本法第一千零九十八条第一项规定的限制。

第一千一百条 无子女的收养人可以收养两名子女；有子女的收养人只能收养一名子女。

收养孤儿、残疾未成年人或者儿童福利机构抚养的查找不到生父母的未成年人，可以不受前款和本法第一千零九十八条第一项规定的限制。

第一千一百零一条 有配偶者收养子女，应当夫妻共同收养。

第一千一百零二条 无配偶者收养异性子女的，收养人与被收养人的年龄应当相差四十周岁以上。

第一千一百零三条 继父或者继母经继子女的生父母同

意，可以收养继子女，并可以不受本法第一千零九十三条第三项、第一千零九十四条第三项、第一千零九十八条和第一千一百条第一款规定的限制。

第一千一百零四条　收养人收养与送养人送养，应当双方自愿。收养八周岁以上未成年人的，应当征得被收养人的同意。

第一千一百零五条　收养应当向县级以上人民政府民政部门登记。收养关系自登记之日起成立。

收养查找不到生父母的未成年人的，办理登记的民政部门应当在登记前予以公告。

收养关系当事人愿意签订收养协议的，可以签订收养协议。

收养关系当事人各方或者一方要求办理收养公证的，应当办理收养公证。

县级以上人民政府民政部门应当依法进行收养评估。

第一千一百零六条　收养关系成立后，公安机关应当按照国家有关规定为被收养人办理户口登记。

第一千一百零七条　孤儿或者生父母无力抚养的子女，可以由生父母的亲属、朋友抚养；抚养人与被抚养人的关系不适用本章规定。

第一千一百零八条　配偶一方死亡，另一方送养未成年子女的，死亡一方的父母有优先抚养的权利。

第一千一百零九条　外国人依法可以在中华人民共和国

收养子女。

外国人在中华人民共和国收养子女，应当经其所在国主管机关依照该国法律审查同意。收养人应当提供由其所在国有权机构出具的有关其年龄、婚姻、职业、财产、健康、有无受过刑事处罚等状况的证明材料，并与送养人签订书面协议，亲自向省、自治区、直辖市人民政府民政部门登记。

前款规定的证明材料应当经收养人所在国外交机关或者外交机关授权的机构认证，并经中华人民共和国驻该国使领馆认证，但是国家另有规定的除外。

第一千一百一十条 收养人、送养人要求保守收养秘密的，其他人应当尊重其意愿，不得泄露。

第二节 收养的效力

第一千一百一十一条 自收养关系成立之日起，养父母与养子女间的权利义务关系，适用本法关于父母子女关系的规定；养子女与养父母的近亲属间的权利义务关系，适用本法关于子女与父母的近亲属关系的规定。

养子女与生父母以及其他近亲属间的权利义务关系，因收养关系的成立而消除。

第一千一百一十二条 养子女可以随养父或者养母的姓氏，经当事人协商一致，也可以保留原姓氏。

第一千一百一十三条 有本法第一编关于民事法律行为无效规定情形或者违反本编规定的收养行为无效。

无效的收养行为自始没有法律约束力。

第三节　收养关系的解除

第一千一百一十四条　收养人在被收养人成年以前，不得解除收养关系，但是收养人、送养人双方协议解除的除外。养子女八周岁以上的，应当征得本人同意。

收养人不履行抚养义务，有虐待、遗弃等侵害未成年养子女合法权益行为的，送养人有权要求解除养父母与养子女间的收养关系。送养人、收养人不能达成解除收养关系协议的，可以向人民法院提起诉讼。

第一千一百一十五条　养父母与成年养子女关系恶化、无法共同生活的，可以协议解除收养关系。不能达成协议的，可以向人民法院提起诉讼。

第一千一百一十六条　当事人协议解除收养关系的，应当到民政部门办理解除收养关系登记。

第一千一百一十七条　收养关系解除后，养子女与养父母以及其他近亲属间的权利义务关系即行消除，与生父母以及其他近亲属间的权利义务关系自行恢复。但是，成年养子女与生父母以及其他近亲属间的权利义务关系是否恢复，可以协商确定。

第一千一百一十八条　收养关系解除后，经养父母抚养的成年养子女，对缺乏劳动能力又缺乏生活来源的养父母，应当给付生活费。因养子女成年后虐待、遗弃养父母而解除收养关系的，养父母可以要求养子女补偿收养期间支出的抚养费。

生父母要求解除收养关系的，养父母可以要求生父母适当补偿收养期间支出的抚养费；但是，因养父母虐待、遗弃养子女而解除收养关系的除外。

第六编　继　　承

第一章　一般规定

第一千一百一十九条　本编调整因继承产生的民事关系。

第一千一百二十条　国家保护自然人的继承权。

第一千一百二十一条　继承从被继承人死亡时开始。

相互有继承关系的数人在同一事件中死亡，难以确定死亡时间的，推定没有其他继承人的人先死亡。都有其他继承人，辈份不同的，推定长辈先死亡；辈份相同的，推定同时死亡，相互不发生继承。

第一千一百二十二条　遗产是自然人死亡时遗留的个人合法财产。

依照法律规定或者根据其性质不得继承的遗产，不得继承。

第一千一百二十三条　继承开始后，按照法定继承办理；有遗嘱的，按照遗嘱继承或者遗赠办理；有遗赠扶养协议的，按照协议办理。

第一千一百二十四条 继承开始后，继承人放弃继承的，应当在遗产处理前，以书面形式作出放弃继承的表示；没有表示的，视为接受继承。

受遗赠人应当在知道受遗赠后六十日内，作出接受或者放弃受遗赠的表示；到期没有表示的，视为放弃受遗赠。

第一千一百二十五条 继承人有下列行为之一的，丧失继承权：

（一）故意杀害被继承人；

（二）为争夺遗产而杀害其他继承人；

（三）遗弃被继承人，或者虐待被继承人情节严重；

（四）伪造、篡改、隐匿或者销毁遗嘱，情节严重；

（五）以欺诈、胁迫手段迫使或者妨碍被继承人设立、变更或者撤回遗嘱，情节严重。

继承人有前款第三项至第五项行为，确有悔改表现，被继承人表示宽恕或者事后在遗嘱中将其列为继承人的，该继承人不丧失继承权。

受遗赠人有本条第一款规定行为的，丧失受遗赠权。

第二章 法定继承

第一千一百二十六条 继承权男女平等。

第一千一百二十七条 遗产按照下列顺序继承：

（一）第一顺序：配偶、子女、父母；

（二）第二顺序：兄弟姐妹、祖父母、外祖父母。

继承开始后，由第一顺序继承人继承，第二顺序继承人不继承；没有第一顺序继承人继承的，由第二顺序继承人继承。

本编所称子女，包括婚生子女、非婚生子女、养子女和有扶养关系的继子女。

本编所称父母，包括生父母、养父母和有扶养关系的继父母。

本编所称兄弟姐妹，包括同父母的兄弟姐妹、同父异母或者同母异父的兄弟姐妹、养兄弟姐妹、有扶养关系的继兄弟姐妹。

第一千一百二十八条 被继承人的子女先于被继承人死亡的，由被继承人的子女的直系晚辈血亲代位继承。

被继承人的兄弟姐妹先于被继承人死亡的，由被继承人的兄弟姐妹的子女代位继承。

代位继承人一般只能继承被代位继承人有权继承的遗产份额。

第一千一百二十九条 丧偶儿媳对公婆，丧偶女婿对岳父母，尽了主要赡养义务的，作为第一顺序继承人。

第一千一百三十条 同一顺序继承人继承遗产的份额，一般应当均等。

对生活有特殊困难又缺乏劳动能力的继承人，分配遗产时，应当予以照顾。

对被继承人尽了主要扶养义务或者与被继承人共同生活的继承人，分配遗产时，可以多分。

有扶养能力和有扶养条件的继承人，不尽扶养义务的，分配遗产时，应当不分或者少分。

继承人协商同意的，也可以不均等。

第一千一百三十一条　对继承人以外的依靠被继承人扶养的人，或者继承人以外的对被继承人扶养较多的人，可以分给适当的遗产。

第一千一百三十二条　继承人应当本着互谅互让、和睦团结的精神，协商处理继承问题。遗产分割的时间、办法和份额，由继承人协商确定；协商不成的，可以由人民调解委员会调解或者向人民法院提起诉讼。

第三章　遗嘱继承和遗赠

第一千一百三十三条　自然人可以依照本法规定立遗嘱处分个人财产，并可以指定遗嘱执行人。

自然人可以立遗嘱将个人财产指定由法定继承人中的一人或者数人继承。

自然人可以立遗嘱将个人财产赠与国家、集体或者法定继承人以外的组织、个人。

自然人可以依法设立遗嘱信托。

第一千一百三十四条　自书遗嘱由遗嘱人亲笔书写，签名，注明年、月、日。

第一千一百三十五条 代书遗嘱应当有两个以上见证人在场见证，由其中一人代书，并由遗嘱人、代书人和其他见证人签名，注明年、月、日。

第一千一百三十六条 打印遗嘱应当有两个以上见证人在场见证。遗嘱人和见证人应当在遗嘱每一页签名，注明年、月、日。

第一千一百三十七条 以录音录像形式立的遗嘱，应当有两个以上见证人在场见证。遗嘱人和见证人应当在录音录像中记录其姓名或者肖像，以及年、月、日。

第一千一百三十八条 遗嘱人在危急情况下，可以立口头遗嘱。口头遗嘱应当有两个以上见证人在场见证。危急情况消除后，遗嘱人能够以书面或者录音录像形式立遗嘱的，所立的口头遗嘱无效。

第一千一百三十九条 公证遗嘱由遗嘱人经公证机构办理。

第一千一百四十条 下列人员不能作为遗嘱见证人：

（一）无民事行为能力人、限制民事行为能力人以及其他不具有见证能力的人；

（二）继承人、受遗赠人；

（三）与继承人、受遗赠人有利害关系的人。

第一千一百四十一条 遗嘱应当为缺乏劳动能力又没有生活来源的继承人保留必要的遗产份额。

第一千一百四十二条　遗嘱人可以撤回、变更自己所立的遗嘱。

立遗嘱后，遗嘱人实施与遗嘱内容相反的民事法律行为的，视为对遗嘱相关内容的撤回。

立有数份遗嘱，内容相抵触的，以最后的遗嘱为准。

第一千一百四十三条　无民事行为能力人或者限制民事行为能力人所立的遗嘱无效。

遗嘱必须表示遗嘱人的真实意思，受欺诈、胁迫所立的遗嘱无效。

伪造的遗嘱无效。

遗嘱被篡改的，篡改的内容无效。

第一千一百四十四条　遗嘱继承或者遗赠附有义务的，继承人或者受遗赠人应当履行义务。没有正当理由不履行义务的，经利害关系人或者有关组织请求，人民法院可以取消其接受附义务部分遗产的权利。

第四章　遗产的处理

第一千一百四十五条　继承开始后，遗嘱执行人为遗产管理人；没有遗嘱执行人的，继承人应当及时推选遗产管理人；继承人未推选的，由继承人共同担任遗产管理人；没有继承人或者继承人均放弃继承的，由被继承人生前住所地的民政部门或者村民委员会担任遗产管理人。

第一千一百四十六条　对遗产管理人的确定有争议的，

利害关系人可以向人民法院申请指定遗产管理人。

第一千一百四十七条 遗产管理人应当履行下列职责：

（一）清理遗产并制作遗产清单；

（二）向继承人报告遗产情况；

（三）采取必要措施防止遗产毁损、灭失；

（四）处理被继承人的债权债务；

（五）按照遗嘱或者依照法律规定分割遗产；

（六）实施与管理遗产有关的其他必要行为。

第一千一百四十八条 遗产管理人应当依法履行职责，因故意或者重大过失造成继承人、受遗赠人、债权人损害的，应当承担民事责任。

第一千一百四十九条 遗产管理人可以依照法律规定或者按照约定获得报酬。

第一千一百五十条 继承开始后，知道被继承人死亡的继承人应当及时通知其他继承人和遗嘱执行人。继承人中无人知道被继承人死亡或者知道被继承人死亡而不能通知的，由被继承人生前所在单位或者住所地的居民委员会、村民委员会负责通知。

第一千一百五十一条 存有遗产的人，应当妥善保管遗产，任何组织或者个人不得侵吞或者争抢。

第一千一百五十二条 继承开始后，继承人于遗产分割前死亡，并没有放弃继承的，该继承人应当继承的遗产转给其继承人，但是遗嘱另有安排的除外。

第一千一百五十三条 夫妻共同所有的财产，除有约定的外，遗产分割时，应当先将共同所有的财产的一半分出为配偶所有，其余的为被继承人的遗产。

遗产在家庭共有财产之中的，遗产分割时，应当先分出他人的财产。

第一千一百五十四条 有下列情形之一的，遗产中的有关部分按照法定继承办理：

（一）遗嘱继承人放弃继承或者受遗赠人放弃受遗赠；

（二）遗嘱继承人丧失继承权或者受遗赠人丧失受遗赠权；

（三）遗嘱继承人、受遗赠人先于遗嘱人死亡或者终止；

（四）遗嘱无效部分所涉及的遗产；

（五）遗嘱未处分的遗产。

第一千一百五十五条 遗产分割时，应当保留胎儿的继承份额。胎儿娩出时是死体的，保留的份额按照法定继承办理。

第一千一百五十六条 遗产分割应当有利于生产和生活需要，不损害遗产的效用。

不宜分割的遗产，可以采取折价、适当补偿或者共有等方法处理。

第一千一百五十七条 夫妻一方死亡后另一方再婚的，有权处分所继承的财产，任何组织或者个人不得干涉。

第一千一百五十八条 自然人可以与继承人以外的组织

或者个人签订遗赠扶养协议。按照协议，该组织或者个人承担该自然人生养死葬的义务，享有受遗赠的权利。

第一千一百五十九条　分割遗产，应当清偿被继承人依法应当缴纳的税款和债务；但是，应当为缺乏劳动能力又没有生活来源的继承人保留必要的遗产。

第一千一百六十条　无人继承又无人受遗赠的遗产，归国家所有，用于公益事业；死者生前是集体所有制组织成员的，归所在集体所有制组织所有。

第一千一百六十一条　继承人以所得遗产实际价值为限清偿被继承人依法应当缴纳的税款和债务。超过遗产实际价值部分，继承人自愿偿还的不在此限。

继承人放弃继承的，对被继承人依法应当缴纳的税款和债务可以不负清偿责任。

第一千一百六十二条　执行遗赠不得妨碍清偿遗赠人依法应当缴纳的税款和债务。

第一千一百六十三条　既有法定继承又有遗嘱继承、遗赠的，由法定继承人清偿被继承人依法应当缴纳的税款和债务；超过法定继承遗产实际价值部分，由遗嘱继承人和受遗赠人按比例以所得遗产清偿。

……

最高人民法院关于适用《中华人民共和国民法典》婚姻家庭编的解释（一）

（2020 年 12 月 25 日最高人民法院审判委员会第 1825 次会议通过　2020 年 12 月 29 日最高人民法院公告公布　自 2021 年 1 月 1 日起施行　法释〔2020〕22 号）

为正确审理婚姻家庭纠纷案件，根据《中华人民共和国民法典》《中华人民共和国民事诉讼法》等相关法律规定，结合审判实践，制定本解释。

一、一般规定

第一条　持续性、经常性的家庭暴力，可以认定为民法典第一千零四十二条、第一千零七十九条、第一千零九十一条所称的“虐待”。

第二条　民法典第一千零四十二条、第一千零七十九条、第一千零九十一条规定的“与他人同居”的情形，是指有配偶者与婚外异性，不以夫妻名义，持续、稳定地共同居住。

第三条 当事人提起诉讼仅请求解除同居关系的，人民法院不予受理；已经受理的，裁定驳回起诉。

当事人因同居期间财产分割或者子女抚养纠纷提起诉讼的，人民法院应当受理。

第四条 当事人仅以民法典第一千零四十三条为依据提起诉讼的，人民法院不予受理；已经受理的，裁定驳回起诉。

第五条 当事人请求返还按照习俗给付的彩礼的，如果查明属于以下情形，人民法院应当予以支持：

（一）双方未办理结婚登记手续；

（二）双方办理结婚登记手续但确未共同生活；

（三）婚前给付并导致给付人生活困难。

适用前款第二项、第三项的规定，应当以双方离婚为条件。

二、结　婚

第六条 男女双方依据民法典第一千零四十九条规定补办结婚登记的，婚姻关系的效力从双方均符合民法典所规定的结婚的实质要件时起算。

第七条 未依据民法典第一千零四十九条规定办理结婚登记而以夫妻名义共同生活的男女，提起诉讼要求离婚的，应当区别对待：

（一）1994年2月1日民政部《婚姻登记管理条例》公布实施以前，男女双方已经符合结婚实质要件的，按事实婚姻处理。

（二）1994 年 2 月 1 日民政部《婚姻登记管理条例》公布实施以后，男女双方符合结婚实质要件的，人民法院应当告知其补办结婚登记。未补办结婚登记的，依据本解释第三条规定处理。

第八条　未依据民法典第一千零四十九条规定办理结婚登记而以夫妻名义共同生活的男女，一方死亡，另一方以配偶身份主张享有继承权的，依据本解释第七条的原则处理。

第九条　有权依据民法典第一千零五十一条规定向人民法院就已办理结婚登记的婚姻请求确认婚姻无效的主体，包括婚姻当事人及利害关系人。其中，利害关系人包括：

（一）以重婚为由的，为当事人的近亲属及基层组织；

（二）以未到法定婚龄为由的，为未到法定婚龄者的近亲属；

（三）以有禁止结婚的亲属关系为由的，为当事人的近亲属。

第十条　当事人依据民法典第一千零五十一条规定向人民法院请求确认婚姻无效，法定的无效婚姻情形在提起诉讼时已经消失的，人民法院不予支持。

第十一条　人民法院受理请求确认婚姻无效案件后，原告申请撤诉的，不予准许。

对婚姻效力的审理不适用调解，应当依法作出判决。

涉及财产分割和子女抚养的，可以调解。调解达成协议的，另行制作调解书；未达成调解协议的，应当一并作出判决。

第十二条 人民法院受理离婚案件后，经审理确属无效婚姻的，应当将婚姻无效的情形告知当事人，并依法作出确认婚姻无效的判决。

第十三条 人民法院就同一婚姻关系分别受理了离婚和请求确认婚姻无效案件的，对于离婚案件的审理，应当待请求确认婚姻无效案件作出判决后进行。

第十四条 夫妻一方或者双方死亡后，生存一方或者利害关系人依据民法典第一千零五十一条的规定请求确认婚姻无效的，人民法院应当受理。

第十五条 利害关系人依据民法典第一千零五十一条的规定，请求人民法院确认婚姻无效的，利害关系人为原告，婚姻关系当事人双方为被告。

夫妻一方死亡的，生存一方为被告。

第十六条 人民法院审理重婚导致的无效婚姻案件时，涉及财产处理的，应当准许合法婚姻当事人作为有独立请求权的第三人参加诉讼。

第十七条 当事人以民法典第一千零五十一条规定的三种无效婚姻以外的情形请求确认婚姻无效的，人民法院应当判决驳回当事人的诉讼请求。

当事人以结婚登记程序存在瑕疵为由提起民事诉讼，主张撤销结婚登记的，告知其可以依法申请行政复议或者提起行政诉讼。

第十八条　行为人以给另一方当事人或者其近亲属的生命、身体、健康、名誉、财产等方面造成损害为要挟，迫使另一方当事人违背真实意愿结婚的，可以认定为民法典第一千零五十二条所称的“胁迫”。

因受胁迫而请求撤销婚姻的，只能是受胁迫一方的婚姻关系当事人本人。

第十九条　民法典第一千零五十二条规定的“一年”，不适用诉讼时效中止、中断或者延长的规定。

受胁迫或者被非法限制人身自由的当事人请求撤销婚姻的，不适用民法典第一百五十二条第二款的规定。

第二十条　民法典第一千零五十四条所规定的“自始没有法律约束力”，是指无效婚姻或者可撤销婚姻在依法被确认无效或者被撤销时，才确定该婚姻自始不受法律保护。

第二十一条　人民法院根据当事人的请求，依法确认婚姻无效或者撤销婚姻的，应当收缴双方的结婚证书并将生效的判决书寄送当地婚姻登记管理机关。

第二十二条　被确认无效或者被撤销的婚姻，当事人同居期间所得的财产，除有证据证明为当事人一方所有的以外，按共同共有处理。

三、夫妻关系

第二十三条　夫以妻擅自中止妊娠侵犯其生育权为由请

求损害赔偿的，人民法院不予支持；夫妻双方因是否生育发生纠纷，致使感情确已破裂，一方请求离婚的，人民法院经调解无效，应依照民法典第一千零七十九条第三款第五项的规定处理。

第二十四条 民法典第一千零六十二条第一款第三项规定的“知识产权的收益”，是指婚姻关系存续期间，实际取得或者已经明确可以取得的财产性收益。

第二十五条 婚姻关系存续期间，下列财产属于民法典第一千零六十二条规定的“其他应当归共同所有的财产”：

（一）一方以个人财产投资取得的收益；

（二）男女双方实际取得或者应当取得的住房补贴、住房公积金；

（三）男女双方实际取得或者应当取得的基本养老金、破产安置补偿费。

第二十六条 夫妻一方个人财产在婚后产生的收益，除孳息和自然增值外，应认定为夫妻共同财产。

第二十七条 由一方婚前承租、婚后用共同财产购买的房屋，登记在一方名下的，应当认定为夫妻共同财产。

第二十八条 一方未经另一方同意出售夫妻共同所有的房屋，第三人善意购买、支付合理对价并已办理不动产登记，另一方主张追回该房屋的，人民法院不予支持。

夫妻一方擅自处分共同所有的房屋造成另一方损失，离婚时另一方请求赔偿损失的，人民法院应予支持。

第二十九条 当事人结婚前，父母为双方购置房屋出资的，该出资应当认定为对自己子女个人的赠与，但父母明确表示赠与双方的除外。

当事人结婚后，父母为双方购置房屋出资的，依照约定处理；没有约定或者约定不明确的，按照民法典第一千零六十二条第一款第四项规定的原则处理。

第三十条 军人的伤亡保险金、伤残补助金、医药生活补助费属于个人财产。

第三十一条 民法典第一千零六十三条规定为夫妻一方的个人财产，不因婚姻关系的延续而转化为夫妻共同财产。但当事人另有约定的除外。

第三十二条 婚前或者婚姻关系存续期间，当事人约定将一方所有的房产赠与另一方或者共有，赠与方在赠与房产变更登记之前撤销赠与，另一方请求判令继续履行的，人民法院可以按照民法典第六百五十八条的规定处理。

第三十三条 债权人就一方婚前所负个人债务向债务人的配偶主张权利的，人民法院不予支持。但债权人能够证明所负债务用于婚后家庭共同生活的除外。

第三十四条 夫妻一方与第三人串通，虚构债务，第三人主张该债务为夫妻共同债务的，人民法院不予支持。

夫妻一方在从事赌博、吸毒等违法犯罪活动中所负债务，第三人主张该债务为夫妻共同债务的，人民法院不予支持。

第三十五条 当事人的离婚协议或者人民法院生效判决、裁定、调解书已经对夫妻财产分割问题作出处理的，债权人仍有权就夫妻共同债务向男女双方主张权利。

一方就夫妻共同债务承担清偿责任后，主张由另一方按照离婚协议或者人民法院的法律文书承担相应债务的，人民法院应予支持。

第三十六条 夫或者妻一方死亡的，生存一方应当对婚姻关系存续期间的夫妻共同债务承担清偿责任。

第三十七条 民法典第一千零六十五条第三款所称“相对人知道该约定的”，夫妻一方对此负有举证责任。

第三十八条 婚姻关系存续期间，除民法典第一千零六十六条规定情形以外，夫妻一方请求分割共同财产的，人民法院不予支持。

四、父母子女关系

第三十九条 父或者母向人民法院起诉请求否认亲子关系，并已提供必要证据予以证明，另一方没有相反证据又拒绝做亲子鉴定的，人民法院可以认定否认亲子关系一方的主张成立。

父或者母以及成年子女起诉请求确认亲子关系，并提供必要证据予以证明，另一方没有相反证据又拒绝做亲子鉴定的，人民法院可以认定确认亲子关系一方的主张成立。

第四十条 婚姻关系存续期间，夫妻双方一致同意进行人工授精，所生子女应视为婚生子女，父母子女间的权利义务关系适用民法典的有关规定。

第四十一条　尚在校接受高中及其以下学历教育，或者丧失、部分丧失劳动能力等非因主观原因而无法维持正常生活的成年子女，可以认定为民法典第一千零六十七条规定的“不能独立生活的成年子女”。

第四十二条　民法典第一千零六十七条所称“抚养费”，包括子女生活费、教育费、医疗费等费用。

第四十三条　婚姻关系存续期间，父母双方或者一方拒不履行抚养子女义务，未成年子女或者不能独立生活的成年子女请求支付抚养费的，人民法院应予支持。

第四十四条　离婚案件涉及未成年子女抚养的，对不满两周岁的子女，按照民法典第一千零八十四条第三款规定的原则处理。母亲有下列情形之一，父亲请求直接抚养的，人民法院应予支持：

（一）患有久治不愈的传染性疾病或者其他严重疾病，子女不宜与其共同生活；

（二）有抚养条件不尽抚养义务，而父亲要求子女随其生活；

（三）因其他原因，子女确不宜随母亲生活。

第四十五条　父母双方协议不满两周岁子女由父亲直接抚养，并对子女健康成长无不利影响的，人民法院应予支持。

第四十六条 对已满两周岁的未成年子女，父母均要求直接抚养，一方有下列情形之一的，可予优先考虑：

（一）已做绝育手术或者因其他原因丧失生育能力；

（二）子女随其生活时间较长，改变生活环境对子女健康成长明显不利；

（三）无其他子女，而另一方有其他子女；

（四）子女随其生活，对子女成长有利，而另一方患有久治不愈的传染性疾病或者其他严重疾病，或者有其他不利于子女身心健康的情形，不宜与子女共同生活。

第四十七条 父母抚养子女的条件基本相同，双方均要求直接抚养子女，但子女单独随祖父母或者外祖父母共同生活多年，且祖父母或者外祖父母要求并且有能力帮助子女照顾孙子女或者外孙子女的，可以作为父或者母直接抚养子女的优先条件予以考虑。

第四十八条 在有利于保护子女利益的前提下，父母双方协议轮流直接抚养子女的，人民法院应予支持。

第四十九条 抚养费的数额，可以根据子女的实际需要、父母双方的负担能力和当地的实际生活水平确定。

有固定收入的，抚养费一般可以按其月总收入的百分之二十至三十的比例给付。负担两个以上子女抚养费的，比例可以适当提高，但一般不得超过月总收入的百分之五十。

无固定收入的，抚养费的数额可以依据当年总收入或者同行业平均收入，参照上述比例确定。

有特殊情况的，可以适当提高或者降低上述比例。

第五十条 抚养费应当定期给付，有条件的可以一次性给付。

第五十一条 父母一方无经济收入或者下落不明的，可以用其财物折抵抚养费。

第五十二条 父母双方可以协议由一方直接抚养子女并由直接抚养方负担子女全部抚养费。但是，直接抚养方的抚养能力明显不能保障子女所需费用，影响子女健康成长的，人民法院不予支持。

第五十三条 抚养费的给付期限，一般至子女十八周岁为止。

十六周岁以上不满十八周岁，以其劳动收入为主要生活来源，并能维持当地一般生活水平的，父母可以停止给付抚养费。

第五十四条 生父与继母离婚或者生母与继父离婚时，对曾受其抚养教育的继子女，继父或者继母不同意继续抚养的，仍应由生父或者生母抚养。

第五十五条 离婚后，父母一方要求变更子女抚养关系的，或者子女要求增加抚养费的，应当另行提起诉讼。

第五十六条 具有下列情形之一，父母一方要求变更子女抚养关系的，人民法院应予支持：

（一）与子女共同生活的一方因患严重疾病或者因伤残无力继续抚养子女；

（二）与子女共同生活的一方不尽抚养义务或有虐待子女行为，或者其与子女共同生活对子女身心健康确有不利影响；

（三）已满八周岁的子女，愿随另一方生活，该方又有抚养能力；

（四）有其他正当理由需要变更。

第五十七条 父母双方协议变更子女抚养关系的，人民法院应予支持。

第五十八条 具有下列情形之一，子女要求有负担能力的父或者母增加抚养费的，人民法院应予支持：

（一）原定抚养费数额不足以维持当地实际生活水平；

（二）因子女患病、上学，实际需要已超过原定数额；

（三）有其他正当理由应当增加。

第五十九条 父母不得因子女变更姓氏而拒付子女抚养费。父或者母擅自将子女姓氏改为继母或继父姓氏而引起纠纷的，应当责令恢复原姓氏。

第六十条 在离婚诉讼期间，双方均拒绝抚养子女的，可以先行裁定暂由一方抚养。

第六十一条 对拒不履行或者妨害他人履行生效判决、裁定、调解书中有关子女抚养义务的当事人或者其他人，人民法院可依照民事诉讼法第一百一十一条的规定采取强制措施。

五、离　婚

第六十二条　无民事行为能力人的配偶有民法典第三十六条第一款规定行为，其他有监护资格的人可以要求撤销其监护资格，并依法指定新的监护人；变更后的监护人代理无民事行为能力一方提起离婚诉讼的，人民法院应予受理。

第六十三条　人民法院审理离婚案件，符合民法典第一千零七十九条第三款规定“应当准予离婚”情形的，不应当因当事人有过错而判决不准离婚。

第六十四条　民法典第一千零八十一条所称的“军人一方有重大过错”，可以依据民法典第一千零七十九条第三款前三项规定及军人有其他重大过错导致夫妻感情破裂的情形予以判断。

第六十五条　人民法院作出的生效的离婚判决中未涉及探望权，当事人就探望权问题单独提起诉讼的，人民法院应予受理。

第六十六条　当事人在履行生效判决、裁定或者调解书的过程中，一方请求中止探望的，人民法院在征询双方当事人意见后，认为需要中止探望的，依法作出裁定；中止探望的情形消失后，人民法院应当根据当事人的请求书面通知其恢复探望。

第六十七条　未成年子女、直接抚养子女的父或者母以及其他对未成年子女负担抚养、教育、保护义务的法定监护人，有权向人民法院提出中止探望的请求。

第六十八条 对于拒不协助另一方行使探望权的有关个人或者组织，可以由人民法院依法采取拘留、罚款等强制措施，但是不能对子女的人身、探望行为进行强制执行。

第六十九条 当事人达成的以协议离婚或者到人民法院调解离婚为条件的财产以及债务处理协议，如果双方离婚未成，一方在离婚诉讼中反悔的，人民法院应当认定该财产以及债务处理协议没有生效，并根据实际情况依照民法典第一千零八十七条和第一千零八十九条的规定判决。

当事人依照民法典第一千零七十六条签订的离婚协议中关于财产以及债务处理的条款，对男女双方具有法律约束力。登记离婚后当事人因履行上述协议发生纠纷提起诉讼的，人民法院应当受理。

第七十条 夫妻双方协议离婚后就财产分割问题反悔，请求撤销财产分割协议的，人民法院应当受理。

人民法院审理后，未发现订立财产分割协议时存在欺诈、胁迫等情形的，应当依法驳回当事人的诉讼请求。

第七十一条 人民法院审理离婚案件，涉及分割发放到军人名下的复员费、自主择业费等一次性费用的，以夫妻婚姻关系存续年限乘以年平均值，所得数额为夫妻共同财产。

前款所称年平均值，是指将发放到军人名下的上述费用总额按具体年限均分得出的数额。其具体年限为人均寿命七十岁与军人入伍时实际年龄的差额。

第七十二条　夫妻双方分割共同财产中的股票、债券、投资基金份额等有价证券以及未上市股份有限公司股份时，协商不成或者按市价分配有困难的，人民法院可以根据数量按比例分配。

第七十三条　人民法院审理离婚案件，涉及分割夫妻共同财产中以一方名义在有限责任公司的出资额，另一方不是该公司股东的，按以下情形分别处理：

（一）夫妻双方协商一致将出资额部分或者全部转让给该股东的配偶，其他股东过半数同意，并且其他股东均明确表示放弃优先购买权的，该股东的配偶可以成为该公司股东；

（二）夫妻双方就出资额转让份额和转让价格等事项协商一致后，其他股东半数以上不同意转让，但愿意以同等条件购买该出资额的，人民法院可以对转让出资所得财产进行分割。其他股东半数以上不同意转让，也不愿意以同等条件购买该出资额的，视为其同意转让，该股东的配偶可以成为该公司股东。

用于证明前款规定的股东同意的证据，可以是股东会议材料，也可以是当事人通过其他合法途径取得的股东的书面声明材料。

第七十四条　人民法院审理离婚案件，涉及分割夫妻共同财产中以一方名义在合伙企业中的出资，另一方不是该企业合伙人的，当夫妻双方协商一致，将其合伙企业中的财产份额全部或者部分转让给对方时，按以下情形分别处理：

（一）其他合伙人一致同意的，该配偶依法取得合伙人地位；

（二）其他合伙人不同意转让，在同等条件下行使优先购买权的，可以对转让所得的财产进行分割；

（三）其他合伙人不同意转让，也不行使优先购买权，但同意该合伙人退伙或者削减部分财产份额的，可以对结算后的财产进行分割；

（四）其他合伙人既不同意转让，也不行使优先购买权，又不同意该合伙人退伙或者削减部分财产份额的，视为全体合伙人同意转让，该配偶依法取得合伙人地位。

第七十五条 夫妻以一方名义投资设立个人独资企业的，人民法院分割夫妻在该个人独资企业中的共同财产时，应当按照以下情形分别处理：

（一）一方主张经营该企业的，对企业资产进行评估后，由取得企业资产所有权一方给予另一方相应的补偿；

（二）双方均主张经营该企业的，在双方竞价基础上，由取得企业资产所有权的一方给予另一方相应的补偿；

（三）双方均不愿意经营该企业的，按照《中华人民共和国个人独资企业法》等有关规定办理。

第七十六条 双方对夫妻共同财产中的房屋价值及归属无法达成协议时，人民法院按以下情形分别处理：

（一）双方均主张房屋所有权并且同意竞价取得的，应当准许；

（二）一方主张房屋所有权的，由评估机构按市场价格对房屋作出评估，取得房屋所有权的一方应当给予另一方相应的补偿；

（三）双方均不主张房屋所有权的，根据当事人的申请拍卖、变卖房屋，就所得价款进行分割。

第七十七条　离婚时双方对尚未取得所有权或者尚未取得完全所有权的房屋有争议且协商不成的，人民法院不宜判决房屋所有权的归属，应当根据实际情况判决由当事人使用。

当事人就前款规定的房屋取得完全所有权后，有争议的，可以另行向人民法院提起诉讼。

第七十八条　夫妻一方婚前签订不动产买卖合同，以个人财产支付首付款并在银行贷款，婚后用夫妻共同财产还贷，不动产登记于首付款支付方名下的，离婚时该不动产由双方协议处理。

依前款规定不能达成协议的，人民法院可以判决该不动产归登记一方，尚未归还的贷款为不动产登记一方的个人债务。双方婚后共同还贷支付的款项及其相对应财产增值部分，离婚时应根据民法典第一千零八十七条第一款规定的原则，由不动产登记一方对另一方进行补偿。

第七十九条　婚姻关系存续期间，双方用夫妻共同财产出资购买以一方父母名义参加房改的房屋，登记在一方父母名下，离婚时另一方主张按照夫妻共同财产对该房屋进行分割的，人民法院不予支持。购买该房屋时的出资，可以作为债权处理。

第八十条 离婚时夫妻一方尚未退休、不符合领取基本养老金条件，另一方请求按照夫妻共同财产分割基本养老金的，人民法院不予支持；婚后以夫妻共同财产缴纳基本养老保险费，离婚时一方主张将养老金账户中婚姻关系存续期间个人实际缴纳部分及利息作为夫妻共同财产分割的，人民法院应予支持。

第八十一条 婚姻关系存续期间，夫妻一方作为继承人依法可以继承的遗产，在继承人之间尚未实际分割，起诉离婚时另一方请求分割的，人民法院应当告知当事人在继承人之间实际分割遗产后另行起诉。

第八十二条 夫妻之间订立借款协议，以夫妻共同财产出借给一方从事个人经营活动或者用于其他个人事务的，应视为双方约定处分夫妻共同财产的行为，离婚时可以按照借款协议的约定处理。

第八十三条 离婚后，一方以尚有夫妻共同财产未处理为由向人民法院起诉请求分割的，经审查该财产确属离婚时未涉及的夫妻共同财产，人民法院应当依法予以分割。

第八十四条 当事人依据民法典第一千零九十二条的规定向人民法院提起诉讼，请求再次分割夫妻共同财产的诉讼时效期间为三年，从当事人发现之日起计算。

第八十五条 夫妻一方申请对配偶的个人财产或者夫妻共同财产采取保全措施的，人民法院可以在采取保全措施可能造成损失的范围内，根据实际情况，确定合理的财产担保数额。

第八十六条 民法典第一千零九十一条规定的“损害赔偿”，包括物质损害赔偿和精神损害赔偿。涉及精神损害赔偿的，适用《最高人民法院关于确定民事侵权精神损害赔偿责任若干问题的解释》的有关规定。

第八十七条 承担民法典第一千零九十一条规定的损害赔偿责任的主体，为离婚诉讼当事人中无过错方的配偶。

人民法院判决不准离婚的案件，对于当事人基于民法典第一千零九十一条提出的损害赔偿请求，不予支持。

在婚姻关系存续期间，当事人不起诉离婚而单独依据民法典第一千零九十一条提起损害赔偿请求的，人民法院不予受理。

第八十八条 人民法院受理离婚案件时，应当将民法典第一千零九十一条等规定中当事人的有关权利义务，书面告知当事人。在适用民法典第一千零九十一条时，应当区分以下不同情况：

（一）符合民法典第一千零九十一条规定的无过错方作为原告基于该条规定向人民法院提起损害赔偿请求的，必须在离婚诉讼的同时提出。

（二）符合民法典第一千零九十一条规定的无过错方作

为被告的离婚诉讼案件，如果被告不同意离婚也不基于该条规定提起损害赔偿请求的，可以就此单独提起诉讼。

（三）无过错方作为被告的离婚诉讼案件，一审时被告未基于民法典第一千零九十一条规定提出损害赔偿请求，二审期间提出的，人民法院应当进行调解；调解不成的，告知当事人另行起诉。双方当事人同意由第二审人民法院一并审理的，第二审人民法院可以一并裁判。

第八十九条 当事人在婚姻登记机关办理离婚登记手续后，以民法典第一千零九十一条规定为由向人民法院提出损害赔偿请求的，人民法院应当受理。但当事人在协议离婚时已经明确表示放弃该项请求的，人民法院不予支持。

第九十条 夫妻双方均有民法典第一千零九十一条规定的过错情形，一方或者双方向对方提出离婚损害赔偿请求的，人民法院不予支持。

六、附　则

第九十一条 本解释自 2021 年 1 月 1 日起施行。

最高人民法院关于适用《中华人民共和国民法典》继承编的解释（一）

（2020 年 12 月 25 日最高人民法院审判委员会第 1825 次会议通过　2020 年 12 月 29 日最高人民法院公告公布　自 2021 年 1 月 1 日起施行　法释〔2020〕23 号）

为正确审理继承纠纷案件，根据《中华人民共和国民法典》等相关法律规定，结合审判实践，制定本解释。

一、一般规定

第一条　继承从被继承人生理死亡或者被宣告死亡时开始。

宣告死亡的，根据民法典第四十八条规定确定的死亡日期，为继承开始的时间。

第二条　承包人死亡时尚未取得承包收益的，可以将死者生前对承包所投入的资金和所付出的劳动及其增值和孳息，由发包单位或者接续承包合同的人合理折价、补偿。其价额作为遗产。

第三条 被继承人生前与他人订有遗赠扶养协议，同时又立有遗嘱的，继承开始后，如果遗赠扶养协议与遗嘱没有抵触，遗产分别按协议和遗嘱处理；如果有抵触，按协议处理，与协议抵触的遗嘱全部或者部分无效。

第四条 遗嘱继承人依遗嘱取得遗产后，仍有权依照民法典第一千一百三十条的规定取得遗嘱未处分的遗产。

第五条 在遗产继承中，继承人之间因是否丧失继承权发生纠纷，向人民法院提起诉讼的，由人民法院依据民法典第一千一百二十五条的规定，判决确认其是否丧失继承权。

第六条 继承人是否符合民法典第一千一百二十五条第一款第三项规定的“虐待被继承人情节严重”，可以从实施虐待行为的时间、手段、后果和社会影响等方面认定。

虐待被继承人情节严重的，不论是否追究刑事责任，均可确认其丧失继承权。

第七条 继承人故意杀害被继承人的，不论是既遂还是未遂，均应当确认其丧失继承权。

第八条 继承人有民法典第一千一百二十五条第一款第一项或者第二项所列之行为，而被继承人以遗嘱将遗产指定由该继承人继承的，可以确认遗嘱无效，并确认该继承人丧失继承权。

第九条 继承人伪造、篡改、隐匿或者销毁遗嘱，侵害了缺乏劳动能力又无生活来源的继承人的利益，并造成其生活困难的，应当认定为民法典第一千一百二十五条第一款第四项规定的“情节严重”。

二、法定继承

第十条 被收养人对养父母尽了赡养义务，同时又对生父母扶养较多的，除可以依照民法典第一千一百二十七条的规定继承养父母的遗产外，还可以依照民法典第一千一百三十一条的规定分得生父母适当的遗产。

第十一条 继子女继承了继父母遗产的，不影响其继承生父母的遗产。

继父母继承了继子女遗产的，不影响其继承生子女的遗产。

第十二条 养子女与生子女之间、养子女与养子女之间，系养兄弟姐妹，可以互为第二顺序继承人。

被收养人与其亲兄弟姐妹之间的权利义务关系，因收养关系的成立而消除，不能互为第二顺序继承人。

第十三条 继兄弟姐妹之间的继承权，因继兄弟姐妹之间的扶养关系而发生。没有扶养关系的，不能互为第二顺序继承人。

继兄弟姐妹之间相互继承了遗产的，不影响其继承亲兄弟姐妹的遗产。

第十四条 被继承人的孙子女、外孙子女、曾孙子女、外曾孙子女都可以代位继承，代位继承人不受辈数的限制。

第十五条 被继承人的养子女、已形成扶养关系的继子女的生子女可以代位继承；被继承人亲生子女的养子女可以代位继承；被继承人养子女的养子女可以代位继承；与被继承人已形成扶养关系的继子女的养子女也可以代位继承。

第十六条 代位继承人缺乏劳动能力又没有生活来源，或者对被继承人尽过主要赡养义务的，分配遗产时，可以多分。

第十七条 继承人丧失继承权的，其晚辈直系血亲不得代位继承。如该代位继承人缺乏劳动能力又没有生活来源，或者对被继承人尽赡养义务较多的，可以适当分给遗产。

第十八条 丧偶儿媳对公婆、丧偶女婿对岳父母，无论其是否再婚，依照民法典第一千一百二十九条规定作为第一顺序继承人时，不影响其子女代位继承。

第十九条 对被继承人生活提供了主要经济来源，或者在劳务等方面给予了主要扶助的，应当认定其尽了主要赡养义务或主要扶养义务。

第二十条 依照民法典第一千一百三十一条规定可以分给适当遗产的人，分给他们遗产时，按具体情况可以多于或者少于继承人。

第二十一条 依照民法典第一千一百三十一条规定可以分给适当遗产的人，在其依法取得被继承人遗产的权利受到侵犯时，本人有权以独立的诉讼主体资格向人民法院提起诉讼。

第二十二条 继承人有扶养能力和扶养条件，愿意尽扶养义务，但被继承人因有固定收入和劳动能力，明确表示不要求其扶养的，分配遗产时，一般不应因此而影响其继承份额。

第二十三条 有扶养能力和扶养条件的继承人虽然与被继承人共同生活，但对需要扶养的被继承人不尽扶养义务，分配遗产时，可以少分或者不分。

三、遗嘱继承和遗赠

第二十四条 继承人、受遗赠人的债权人、债务人，共同经营的合伙人，也应当视为与继承人、受遗赠人有利害关系，不能作为遗嘱的见证人。

第二十五条 遗嘱人未保留缺乏劳动能力又没有生活来源的继承人的遗产份额，遗产处理时，应当为该继承人留下必要的遗产，所剩余的部分，才可参照遗嘱确定的分配原则处理。

继承人是否缺乏劳动能力又没有生活来源，应当按遗嘱生效时该继承人的具体情况确定。

第二十六条 遗嘱人以遗嘱处分了国家、集体或者他人财产的，应当认定该部分遗嘱无效。

第二十七条 自然人在遗书中涉及死后个人财产处分的内容，确为死者的真实意思表示，有本人签名并注明了年、月、日，又无相反证据的，可以按自书遗嘱对待。

第二十八条 遗嘱人立遗嘱时必须具有完全民事行为能

力。无民事行为能力人或者限制民事行为能力人所立的遗嘱，即使其本人后来具有完全民事行为能力，仍属无效遗嘱。遗嘱人立遗嘱时具有完全民事行为能力，后来成为无民事行为能力人或者限制民事行为能力人的，不影响遗嘱的效力。

第二十九条 附义务的遗嘱继承或者遗赠，如义务能够履行，而继承人、受遗赠人无正当理由不履行，经受益人或者其他继承人请求，人民法院可以取消其接受附义务部分遗产的权利，由提出请求的继承人或者受益人负责按遗嘱人的意愿履行义务，接受遗产。

四、遗产的处理

第三十条 人民法院在审理继承案件时，如果知道有继承人而无法通知的，分割遗产时，要保留其应继承的遗产，并确定该遗产的保管人或者保管单位。

第三十一条 应当为胎儿保留的遗产份额没有保留的，应从继承人所继承的遗产中扣回。

为胎儿保留的遗产份额，如胎儿出生后死亡的，由其继承人继承；如胎儿娩出时是死体的，由被继承人的继承人继承。

第三十二条 继承人因放弃继承权，致其不能履行法定义务的，放弃继承权的行为无效。

第三十三条 继承人放弃继承应当以书面形式向遗产管

理人或者其他继承人表示。

第三十四条　在诉讼中，继承人向人民法院以口头方式表示放弃继承的，要制作笔录，由放弃继承的人签名。

第三十五条　继承人放弃继承的意思表示，应当在继承开始后、遗产分割前作出。遗产分割后表示放弃的不再是继承权，而是所有权。

第三十六条　遗产处理前或者在诉讼进行中，继承人对放弃继承反悔的，由人民法院根据其提出的具体理由，决定是否承认。遗产处理后，继承人对放弃继承反悔的，不予承认。

第三十七条　放弃继承的效力，追溯到继承开始的时间。

第三十八条　继承开始后，受遗赠人表示接受遗赠，并于遗产分割前死亡的，其接受遗赠的权利转移给他的继承人。

第三十九条　由国家或者集体组织供给生活费用的烈属和享受社会救济的自然人，其遗产仍应准许合法继承人继承。

第四十条　继承人以外的组织或者个人与自然人签订遗赠扶养协议后，无正当理由不履行，导致协议解除的，不能享有受遗赠的权利，其支付的供养费用一般不予补偿；遗赠人无正当理由不履行，导致协议解除的，则应当偿还继承人以外的组织或者个人已支付的供养费用。

第四十一条 遗产因无人继承又无人受遗赠归国家或者集体所有制组织所有时，按照民法典第一千一百三十一条规定可以分给适当遗产的人提出取得遗产的诉讼请求，人民法院应当视情况适当分给遗产。

第四十二条 人民法院在分割遗产中的房屋、生产资料和特定职业所需要的财产时，应当依据有利于发挥其使用效益和继承人的实际需要，兼顾各继承人的利益进行处理。

第四十三条 人民法院对故意隐匿、侵吞或者争抢遗产的继承人，可以酌情减少其应继承的遗产。

第四十四条 继承诉讼开始后，如继承人、受遗赠人中有既不愿参加诉讼，又不表示放弃实体权利的，应当追加为共同原告；继承人已书面表示放弃继承、受遗赠人在知道受遗赠后六十日内表示放弃受遗赠或者到期没有表示的，不再列为当事人。

五、附　则

第四十五条 本解释自 2021 年 1 月 1 日起施行。

中华人民共和国反家庭暴力法

（2015年12月27日第十二届全国人民代表大会常务委员会第十八次会议通过　2015年12月27日中华人民共和国主席令第37号公布　自2016年3月1日起施行）

目　录

第一章　总　　则

第一条　为了预防和制止家庭暴力，保护家庭成员的合法权益，维护平等、和睦、文明的家庭关系，促进家庭和谐、社会稳定，制定本法。

第二条　本法所称家庭暴力，是指家庭成员之间以殴打、捆绑、残害、限制人身自由以及经常性谩骂、恐吓等方式实施的身体、精神等侵害行为。

第三条 家庭成员之间应当互相帮助，互相关爱，和睦相处，履行家庭义务。

反家庭暴力是国家、社会和每个家庭的共同责任。

国家禁止任何形式的家庭暴力。

第四条 县级以上人民政府负责妇女儿童工作的机构，负责组织、协调、指导、督促有关部门做好反家庭暴力工作。

县级以上人民政府有关部门、司法机关、人民团体、社会组织、居民委员会、村民委员会、企业事业单位，应当依照本法和有关法律规定，做好反家庭暴力工作。

各级人民政府应当对反家庭暴力工作给予必要的经费保障。

第五条 反家庭暴力工作遵循预防为主，教育、矫治与惩处相结合原则。

反家庭暴力工作应当尊重受害人真实意愿，保护当事人隐私。

未成年人、老年人、残疾人、孕期和哺乳期的妇女、重病患者遭受家庭暴力的，应当给予特殊保护。

第二章 家庭暴力的预防

第六条 国家开展家庭美德宣传教育，普及反家庭暴力知识，增强公民反家庭暴力意识。

工会、共产主义青年团、妇女联合会、残疾人联合会应当在各自工作范围内，组织开展家庭美德和反家庭暴力宣传教育。

广播、电视、报刊、网络等应当开展家庭美德和反家庭暴力宣传。

学校、幼儿园应当开展家庭美德和反家庭暴力教育。

第七条 县级以上人民政府有关部门、司法机关、妇女联合会应当将预防和制止家庭暴力纳入业务培训和统计工作。

医疗机构应当做好家庭暴力受害人的诊疗记录。

第八条 乡镇人民政府、街道办事处应当组织开展家庭暴力预防工作，居民委员会、村民委员会、社会工作服务机构应当予以配合协助。

第九条 各级人民政府应当支持社会工作服务机构等社会组织开展心理健康咨询、家庭关系指导、家庭暴力预防知识教育等服务。

第十条 人民调解组织应当依法调解家庭纠纷，预防和减少家庭暴力的发生。

第十一条 用人单位发现本单位人员有家庭暴力情况的，应当给予批评教育，并做好家庭矛盾的调解、化解工作。

第十二条 未成年人的监护人应当以文明的方式进行家庭教育，依法履行监护和教育职责，不得实施家庭暴力。

第三章 家庭暴力的处置

第十三条 家庭暴力受害人及其法定代理人、近亲属可以向加害人或者受害人所在单位、居民委员会、村民委员会、妇女联合会等单位投诉、反映或者求助。有关单位接到家庭暴力投诉、反映或者求助后，应当给予帮助、处理。

家庭暴力受害人及其法定代理人、近亲属也可以向公安机关报案或者依法向人民法院起诉。

单位、个人发现正在发生的家庭暴力行为，有权及时劝阻。

第十四条 学校、幼儿园、医疗机构、居民委员会、村民委员会、社会工作服务机构、救助管理机构、福利机构及其工作人员在工作中发现无民事行为能力人、限制民事行为能力人遭受或者疑似遭受家庭暴力的，应当及时向公安机关报案。公安机关应当对报案人的信息予以保密。

第十五条 公安机关接到家庭暴力报案后应当及时出警，制止家庭暴力，按照有关规定调查取证，协助受害人就医、鉴定伤情。

无民事行为能力人、限制民事行为能力人因家庭暴力身体受到严重伤害、面临人身安全威胁或者处于无人照料等危险状态的，公安机关应当通知并协助民政部门将其安置到临时庇护场所、救助管理机构或者福利机构。

第十六条 家庭暴力情节较轻，依法不给予治安管理处罚的，由公安机关对加害人给予批评教育或者出具告诫书。

告诫书应当包括加害人的身份信息、家庭暴力的事实陈述、禁止加害人实施家庭暴力等内容。

第十七条　公安机关应当将告诫书送交加害人、受害人，并通知居民委员会、村民委员会。

居民委员会、村民委员会、公安派出所应当对收到告诫书的加害人、受害人进行查访，监督加害人不再实施家庭暴力。

第十八条　县级或者设区的市级人民政府可以单独或者依托救助管理机构设立临时庇护场所，为家庭暴力受害人提供临时生活帮助。

第十九条　法律援助机构应当依法为家庭暴力受害人提供法律援助。

人民法院应当依法对家庭暴力受害人缓收、减收或者免收诉讼费用。

第二十条　人民法院审理涉及家庭暴力的案件，可以根据公安机关出警记录、告诫书、伤情鉴定意见等证据，认定家庭暴力事实。

第二十一条　监护人实施家庭暴力严重侵害被监护人合法权益的，人民法院可以根据被监护人的近亲属、居民委员会、村民委员会、县级人民政府民政部门等有关人员或者单位的申请，依法撤销其监护人资格，另行指定监护人。

被撤销监护人资格的加害人，应当继续负担相应的赡养、扶养、抚养费用。

第二十二条　工会、共产主义青年团、妇女联合会、残疾人联合会、居民委员会、村民委员会等应当对实施家庭暴力的加害人进行法治教育，必要时可以对加害人、受害人进行心理辅导。

第四章　人身安全保护令

第二十三条　当事人因遭受家庭暴力或者面临家庭暴力的现实危险，向人民法院申请人身安全保护令的，人民法院应当受理。

当事人是无民事行为能力人、限制民事行为能力人，或者因受到强制、威吓等原因无法申请人身安全保护令的，其近亲属、公安机关、妇女联合会、居民委员会、村民委员会、救助管理机构可以代为申请。

第二十四条　申请人身安全保护令应当以书面方式提出；书面申请确有困难的，可以口头申请，由人民法院记入笔录。

第二十五条　人身安全保护令案件由申请人或者被申请人居住地、家庭暴力发生地的基层人民法院管辖。

第二十六条　人身安全保护令由人民法院以裁定形式作出。

第二十七条　作出人身安全保护令，应当具备下列条件：

（一）有明确的被申请人；

（二）有具体的请求；

（三）有遭受家庭暴力或者面临家庭暴力现实危险的情形。

第二十八条 人民法院受理申请后，应当在七十二小时内作出人身安全保护令或者驳回申请；情况紧急的，应当在二十四小时内作出。

第二十九条 人身安全保护令可以包括下列措施：

（一）禁止被申请人实施家庭暴力；

（二）禁止被申请人骚扰、跟踪、接触申请人及其相关近亲属；

（三）责令被申请人迁出申请人住所；

（四）保护申请人人身安全的其他措施。

第三十条 人身安全保护令的有效期不超过六个月，自作出之日起生效。人身安全保护令失效前，人民法院可以根据申请人的申请撤销、变更或者延长。

第三十一条 申请人对驳回申请不服或者被申请人对人身安全保护令不服的，可以自裁定生效之日起五日内向作出裁定的人民法院申请复议一次。人民法院依法作出人身安全保护令的，复议期间不停止人身安全保护令的执行。

第三十二条 人民法院作出人身安全保护令后，应当送达申请人、被申请人、公安机关以及居民委员会、村民委员会等有关组织。人身安全保护令由人民法院执行，公安机关以及居民委员会、村民委员会等应当协助执行。

第五章 法律责任

第三十三条 加害人实施家庭暴力，构成违反治安管理行为的，依法给予治安管理处罚；构成犯罪的，依法追究刑事责任。

第三十四条 被申请人违反人身安全保护令，构成犯罪的，依法追究刑事责任；尚不构成犯罪的，人民法院应当给予训诫，可以根据情节轻重处以一千元以下罚款、十五日以下拘留。

第三十五条 学校、幼儿园、医疗机构、居民委员会、村民委员会、社会工作服务机构、救助管理机构、福利机构及其工作人员未依照本法第十四条规定向公安机关报案，造成严重后果的，由上级主管部门或者本单位对直接负责的主管人员和其他直接责任人员依法给予处分。

第三十六条 负有反家庭暴力职责的国家工作人员玩忽职守、滥用职权、徇私舞弊的，依法给予处分；构成犯罪的，依法追究刑事责任。

第六章 附 则

第三十七条 家庭成员以外共同生活的人之间实施的暴力行为，参照本法规定执行。

第三十八条 本法自2016年3月1日起施行。

女职工劳动保护特别规定

（2012年4月18日国务院第200次常务会议通过　2012年4月28日中华人民共和国国务院令第619号公布　自公布之日起施行）

第一条　为了减少和解决女职工在劳动中因生理特点造成的特殊困难，保护女职工健康，制定本规定。

第二条　中华人民共和国境内的国家机关、企业、事业单位、社会团体、个体经济组织以及其他社会组织等用人单位及其女职工，适用本规定。

第三条　用人单位应当加强女职工劳动保护，采取措施改善女职工劳动安全卫生条件，对女职工进行劳动安全卫生知识培训。

第四条　用人单位应当遵守女职工禁忌从事的劳动范围的规定。用人单位应当将本单位属于女职工禁忌从事的劳动范围的岗位书面告知女职工。

女职工禁忌从事的劳动范围由本规定附录列示。国务院安全生产监督管理部门会同国务院人力资源社会保障行政部门、国务院卫生行政部门根据经济社会发展情况，对女职工禁忌从事的劳动范围进行调整。

第五条　用人单位不得因女职工怀孕、生育、哺乳降低其工资、予以辞退、与其解除劳动或者聘用合同。

第六条 女职工在孕期不能适应原劳动的，用人单位应当根据医疗机构的证明，予以减轻劳动量或者安排其他能够适应的劳动。

对怀孕7个月以上的女职工，用人单位不得延长劳动时间或者安排夜班劳动，并应当在劳动时间内安排一定的休息时间。

怀孕女职工在劳动时间内进行产前检查，所需时间计入劳动时间。

第七条 女职工生育享受98天产假，其中产前可以休假15天；难产的，增加产假15天；生育多胞胎的，每多生育1个婴儿，增加产假15天。

女职工怀孕未满4个月流产的，享受15天产假；怀孕满4个月流产的，享受42天产假。

第八条 女职工产假期间的生育津贴，对已经参加生育保险的，按照用人单位上年度职工月平均工资的标准由生育保险基金支付；对未参加生育保险的，按照女职工产假前工资的标准由用人单位支付。

女职工生育或者流产的医疗费用，按照生育保险规定的项目和标准，对已经参加生育保险的，由生育保险基金支付；对未参加生育保险的，由用人单位支付。

第九条 对哺乳未满1周岁婴儿的女职工，用人单位不得延长劳动时间或者安排夜班劳动。

用人单位应当在每天的劳动时间内为哺乳期女职工安排1小时哺乳时间；女职工生育多胞胎的，每多哺乳1个婴儿每天增加1小时哺乳时间。

第十条 女职工比较多的用人单位应当根据女职工的需要，建立女职工卫生室、孕妇休息室、哺乳室等设施，妥善解决女职工在生理卫生、哺乳方面的困难。

第十一条 在劳动场所，用人单位应当预防和制止对女职工的性骚扰。

第十二条 县级以上人民政府人力资源社会保障行政部门、安全生产监督管理部门按照各自职责负责对用人单位遵守本规定的情况进行监督检查。

工会、妇女组织依法对用人单位遵守本规定的情况进行监督。

第十三条 用人单位违反本规定第六条第二款、第七条、第九条第一款规定的，由县级以上人民政府人力资源社会保障行政部门责令限期改正，按照受侵害女职工每人1000元以上5000元以下的标准计算，处以罚款。

用人单位违反本规定附录第一条、第二条规定的，由县级以上人民政府安全生产监督管理部门责令限期改正，按照受侵害女职工每人1000元以上5000元以下的标准计算，处以罚款。用人单位违反本规定附录第三条、第四条规定的，由县级以上人民政府安全生产监督管理部门责令限期治理，处5万元以上30万元以下的罚款；情节严重的，责令停止有关作业，或者提请有关人民政府按照国务院规定的权限责令关闭。

第十四条 用人单位违反本规定，侵害女职工合法权益的，女职工可以依法投诉、举报、申诉，依法向劳动人事争议调解仲裁机构申请调解仲裁，对仲裁裁决不服的，依法向人民法院提起诉讼。

第十五条 用人单位违反本规定，侵害女职工合法权益，造成女职工损害的，依法给予赔偿；用人单位及其直接负责的主管人员和其他直接责任人员构成犯罪的，依法追究刑事责任。

第十六条 本规定自公布之日起施行。1988 年 7 月 21 日国务院发布的《女职工劳动保护规定》同时废止。

附录：

女职工禁忌从事的劳动范围

一、女职工禁忌从事的劳动范围：

（一）矿山井下作业；

（二）体力劳动强度分级标准中规定的第四级体力劳动强度的作业；

（三）每小时负重 6 次以上、每次负重超过 20 公斤的作业，或者间断负重、每次负重超过 25 公斤的作业。

二、女职工在经期禁忌从事的劳动范围：

（一）冷水作业分级标准中规定的第二级、第三级、第四级冷水作业；

（二）低温作业分级标准中规定的第二级、第三级、第四级低温作业；

（三）体力劳动强度分级标准中规定的第三级、第四级体力劳动强度的作业；

（四）高处作业分级标准中规定的第三级、第四级高处作业。

三、女职工在孕期禁忌从事的劳动范围：

（一）作业场所空气中铅及其化合物、汞及其化合物、苯、镉、铍、砷、氰化物、氮氧化物、一氧化碳、二硫化碳、氯、己内酰胺、氯丁二烯、氯乙烯、环氧乙烷、苯胺、甲醛等有毒物质浓度超过国家职业卫生标准的作业；

（二）从事抗癌药物、己烯雌酚生产，接触麻醉剂气体等的作业；

（三）非密封源放射性物质的操作，核事故与放射事故的应急处置；

（四）高处作业分级标准中规定的高处作业；

（五）冷水作业分级标准中规定的冷水作业；

（六）低温作业分级标准中规定的低温作业；

（七）高温作业分级标准中规定的第三级、第四级的作业；

（八）噪声作业分级标准中规定的第三级、第四级的作业；

（九）体力劳动强度分级标准中规定的第三级、第四级体力劳动强度的作业；

（十）在密闭空间、高压室作业或者潜水作业，伴有强烈振动的作业，或者需要频繁弯腰、攀高、下蹲的作业。

四、女职工在哺乳期禁忌从事的劳动范围：

（一）孕期禁忌从事的劳动范围的第一项、第三项、第九项；

（二）作业场所空气中锰、氟、溴、甲醇、有机磷化合物、有机氯化合物等有毒物质浓度超过国家职业卫生标准的作业。

最高人民法院关于办理人身安全保护令案件适用法律若干问题的规定

（2022年6月7日最高人民法院审判委员会第1870次会议通过　2022年7月14日最高人民法院公告公布　自2022年8月1日起施行　法释〔2022〕17号）

为正确办理人身安全保护令案件，及时保护家庭暴力受害人的合法权益，根据《中华人民共和国民法典》《中华人民共和国反家庭暴力法》《中华人民共和国民事诉讼法》等相关法律规定，结合审判实践，制定本规定。

第一条　当事人因遭受家庭暴力或者面临家庭暴力的现实危险，依照反家庭暴力法向人民法院申请人身安全保护令的，人民法院应当受理。

向人民法院申请人身安全保护令，不以提起离婚等民事诉讼为条件。

第二条　当事人因年老、残疾、重病等原因无法申请人身安全保护令，其近亲属、公安机关、民政部门、妇女联合会、居民委员会、村民委员会、残疾人联合会、依法设立的老年人组织、救助管理机构等，根据当事人意愿，依照反家庭暴力法第二十三条规定代为申请的，人民法院应当依法受理。

第三条　家庭成员之间以冻饿或者经常性侮辱、诽谤、威胁、跟踪、骚扰等方式实施的身体或者精神侵害行为，应当认定为反家庭暴力法第二条规定的“家庭暴力”。

第四条　反家庭暴力法第三十七条规定的“家庭成员以外共同生活的人”一般包括共同生活的儿媳、女婿、公婆、岳父母以及其他有监护、扶养、寄养等关系的人。

第五条　当事人及其代理人对因客观原因不能自行收集的证据，申请人民法院调查收集，符合《最高人民法院关于适用〈中华人民共和国民事诉讼法〉的解释》第九十四条第一款规定情形的，人民法院应当调查收集。

人民法院经审查，认为办理案件需要的证据符合《最高人民法院关于适用〈中华人民共和国民事诉讼法〉的解释》第九十六条规定的，应当调查收集。

第六条　人身安全保护令案件中，人民法院根据相关证据，认为申请人遭受家庭暴力或者面临家庭暴力现实危险的事实存在较大可能性的，可以依法作出人身安全保护令。

前款所称“相关证据”包括：

（一）当事人的陈述；

（二）公安机关出具的家庭暴力告诫书、行政处罚决定书；

（三）公安机关的出警记录、讯问笔录、询问笔录、接警记录、报警回执等；

（四）被申请人曾出具的悔过书或者保证书等；

（五）记录家庭暴力发生或者解决过程等的视听资料；

（六）被申请人与申请人或者其近亲属之间的电话录音、短信、即时通讯信息、电子邮件等；

（七）医疗机构的诊疗记录；

（八）申请人或者被申请人所在单位、民政部门、居民委员会、村民委员会、妇女联合会、残疾人联合会、未成年人保护组织、依法设立的老年人组织、救助管理机构、反家暴社会公益机构等单位收到投诉、反映或者求助的记录；

（九）未成年子女提供的与其年龄、智力相适应的证言或者亲友、邻居等其他证人证言；

（十）伤情鉴定意见；

（十一）其他能够证明申请人遭受家庭暴力或者面临家庭暴力现实危险的证据。

第七条　人民法院可以通过在线诉讼平台、电话、短信、即时通讯工具、电子邮件等简便方式询问被申请人。被申请人未发表意见的，不影响人民法院依法作出人身安全保护令。

第八条　被申请人认可存在家庭暴力行为，但辩称申请人有过错的，不影响人民法院依法作出人身安全保护令。

第九条　离婚等案件中，当事人仅以人民法院曾作出人身安全保护令为由，主张存在家庭暴力事实的，人民法院应当根据《最高人民法院关于适用〈中华人民共和国民事诉讼法〉的解释》第一百零八条的规定，综合认定是否存在该事实。

第十条 反家庭暴力法第二十九条第四项规定的“保护申请人人身安全的其他措施”可以包括下列措施：

（一）禁止被申请人以电话、短信、即时通讯工具、电子邮件等方式侮辱、诽谤、威胁申请人及其相关近亲属；

（二）禁止被申请人在申请人及其相关近亲属的住所、学校、工作单位等经常出入场所的一定范围内从事可能影响申请人及其相关近亲属正常生活、学习、工作的活动。

第十一条 离婚案件中，判决不准离婚或者调解和好后，被申请人违反人身安全保护令实施家庭暴力的，可以认定为民事诉讼法第一百二十七条第七项规定的“新情况、新理由”。

第十二条 被申请人违反人身安全保护令，符合《中华人民共和国刑法》第三百一十三条规定的，以拒不执行判决、裁定罪定罪处罚；同时构成其他犯罪的，依照刑法有关规定处理。

第十三条 本规定自2022年8月1日起施行。

图书在版编目（CIP）数据

妇女权益保障法案例教程 / 法规应用研究中心编
. — 北京：中国法制出版社，2023. 5
ISBN 978-7-5216-3341-2

Ⅰ. ①妇… Ⅱ. ①法… Ⅲ. ①妇女权益保障法-案例
-中国 Ⅳ. ①D922. 75

中国国家版本馆 CIP 数据核字（2023）第 055754 号

责任编辑：吕静云　　封面设计：杨泽江

妇女权益保障法案例教程

FUNÜ QUANYI BAOZHANGFA ANLI JIAOCHENG

编者/法规应用研究中心
经销/新华书店
印刷/三河市国英印务有限公司
开本/880 毫米×1230 毫米　32 开　　印张/ 10　字数/ 146 千
版次/2023 年 5 月第 1 版　　2023 年 5 月第 1 次印刷

中国法制出版社出版
书号 ISBN 978-7-5216-3341-2　　定价：36. 00 元

北京市西城区西便门西里甲 16 号西便门办公区
邮政编码：100053　　传真：010-63141600
网址：http：//www. zgfzs. com　　编辑部电话：010-63141802
市场营销部电话：010-63141612　　印务部电话：010-63141606

（如有印装质量问题，请与本社印务部联系。）